英文法には「意味」がある

デイヴィッド・クリスタル 著

伊藤盡／藤井香子 訳

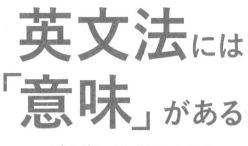

Making Sense:
The Glamorous Story of
English Grammar

大修館書店

Making Sense: The Glamorous Story of English Grammar

by

David Crystal

Copyright ©David Crystal, 2017

First published in Great Britain in 2007 by Profile Books Ltd

Japanese translation rights arranged with Profile Books Limited
c/o Andrew Nurnberg Associates International Ltd., London
through Tuttle-Mori Agency, Inc., Tokyo

TAISHUKAN PUBLISHING COMPANY, 2020

目次

序文

　このシリーズの他の著書，スペルに関する *Spell It Out*（『きちんと綴れ』）と句読法に関する *Making a Point*（『この点を主張する』）と同様に，本書の目的は，*Making Sense: The Glamorous Story of English Grammar*【訳注：直訳は『意味を成す：英文法についての魅力的な話』】という書名と副題が示す通りに明解だ。つまり，古典時代から現在に至るまで，文法がどのように発達してきたかを説明すること。この3冊の著書——新しい言い方をすれば，S, P, a G (Spell, Point, and Grammar)——は，現在の多種多様な英語のありようとそれに付随する変化を理解しようと私たち現代人が苦労している今，英語が辿ってきた複雑な歴史を説明し，その歴史が子どもの英語教育に対して持つ意味合いに光を当てることになる。

　文法の議論は特に厄介だ。理由は，スペルや句読法の場合と比べて検討すべき抽象的用語が多く，また多くの読者が魅力的（グラマラス）だなんてとんでもないと思うような，数世紀に及ぶ言語教育という実践の歴史の重みがどっしりとのしかかっているからだ。したがって，当然の問いが発せられることになる。文法はどこから来たのか？　なぜ，必要なのか？　何の価値があるのか？　どのように教えて，かつテストすることができるのか？　そして，いったい全体，魅力（グラマー）なんて，どこにあるのか？

　本書の読者が，文法に関する経験を積み重ねた人から，ほとんど，あるいはまったく文法的知識を持たない人までいるであろうことを念頭に，私は上記の問いに取り組んでいくことにする。必然的に，冒頭の数章は2部構成になっている——その章で論じる問題点を概説する前半部と，より深く掘り下げて説明する後半部だ。まとめて読んでもらうことで，私が一番よく受ける質問に答えることになればと望んでいる。その質問とは，「なぜ，皆，文法

についてそんなに大騒ぎするんですか？」

　さまざまな観点から本書の原稿を読んで下さった方々に謝辞を述べたい。近年のイギリスにおける言語教育現場での動向について私に追加的視野を提供して下さったリチャード・ハドソン教授に。本書のテーマに関する全体的なレベルやアプローチに助言をくれたヒラリー・クリスタルに。そして，本書の内容と構成について手引きしてくれた（プロファイル・ブックスのために本書の執筆を委託した）ジョン・デイヴィに。

　イギリスにおける文法教育の政治的背景を論じた章は，海外の読者にとっては地方色が強すぎるのでは，というのが出版社の意見だった。そこで，その章は，私のウェブサイトに "English grammar in the UK：a political history"（〔「イギリスにおける英文法：政治的歴史」〕www.davidcrystal.com/?id=4994）というタイトルの論文として掲載してある。

grammar

古フランス語 gramaire 由来
そのフランス語はラテン語 grammatica 由来
そのラテン語はギリシア語 grammatiki を起源とし
意味は「文字や文学に関係する」
のちに文書の言語へと意味が狭まり
中世にはその言語は主にラテン語を意味し
そこから「特別な学問，知識」を意味するようになり
次に魔術や占星術で「秘密の知識」の意味になり
その意味で 18 世紀スコットランドで初めて用いられた時には
r の音が l の音で発音されて
「呪文，魔力」の意味が生まれ
その後，今日の私たちが知っている
「魅力，肉体的魅惑」の意味になって
綴り方は 2 通り
glamour（イギリス英語）
glamor（アメリカ英語）

イントロダクション

文法を知らないということ──ある学生の話

　学部の新入生のための，英文法に関する初回講義でのこと。時は1970年代の初め，イギリスの学校教科として英文法が公的に教えられなくなってから数年後に，教育政策の改編がどういう結果をもたらしたかを私は知る羽目になる。

　それまで数年間，同じ科目を毎年教えており，この最初の授業の目的は，文法に関して新入生たちがこれまで経験してきたであろう「古い」学び方と，大学という高等教育機関で彼らが出会うことになる新しい研究アプローチとの違いを悟らせることにあった。そのために，皆が教えられてきたはずの文法規則から例として1つ取りあげることにしていた。例えば「英語の文は前置詞で終えてはならない」という規則だ。ある年代以上の読者ならば，かつて叩き込まれた経験を思い出されることだろう。

　本書の12章では，この規則がどのように生まれたかを説明しているが，新入生への当時の授業では，その規則は何をもたらしたのか示そうとしていた。次の2つの英文のうち，学生たちは1番が「正しくない」，2番が「正しい」と教わってきたはずなのである──

1.　This is the man I was talking to.
　　　この男の人です，私が話してたのは。
2.　This is the man to whom I was talking.
　　　この人物こそ私が話をしていたその人です。

学生たちにこれを見せたあと，前置詞を文末に持つ1番のような英文は，

1100年頃まで続いた古英語の時代以来ずっと英語の中で使われてきたことを示すのが常だった。例えば 'To be, or not to be … Than fly to others that I know not of' 「生きるべきか死ぬべきか…自分の知らぬ他の場所へと急ぐよりかは」などシェイクスピア作品からいくつか例文を引用し，1と2は文法の違いというより，文体の違いに今ではなっていることを教える。2番の文は1番の文よりずっとあらたまった文体なのだ。だから2つの文は両方とも標準英語として正しいと認めるべきだが，1番の文はくだけた話し言葉で，2番は形式の整った書き言葉で見られるものだ……今ならば，さらにひと言，2番のような文にフェイスブックでお目にかかることはないよ，と付け足すだろう。

　ともかく，1970年代初頭のその日，いつもの説明を半ばまで進めてから学生たちの様子が（普段以上に）落ち着かないことに気づいた。あちこちでこそこそ私語が聞こえ始めてもいた。私は説明を中断して尋ねた。「何かな？」

　ひとりの学生が手を挙げた。「先生，質問があります」彼女は言った。「前置詞って何ですか？」

　私は衝撃を受けた。幼い頃リバプール訛りでしょっちゅう使っていた表現を使うなら，度肝を抜かれた。それまでそんな質問を聞いたことなどなかったし，目の前にいる18歳のれっきとした学生たちが「前置詞」という言葉の意味も知らずに大学に入学できるなど想像だにしなかった。私は教室にいる学生たちに尋ねた。「前置詞が何かを知らない人は，何人くらいいますか？」ほとんどの学生たちが手を挙げた。自分の目が信じられなかった。

　「知っている気がします」ある学生がおずおずといった。やれやれ助かった，と私は思い，先を続けてくれ，と促した。彼女の口から出た言葉はこうだった「それって馬に乗ることと関係ある言葉ですよね」。

　どんなリバプール訛りも，ここまで度肝を抜かれた時に使う言葉はない。かすかに覚えているのは何とか絞り出した声でこう尋ねたことだ。「それは…どういう意味，かな？」

　「ええと」彼女は言った「馬にまたがるためには，あらかじめ，体の位置を意識するのが大切だって，いつも言われてたんです」。その学生は

「あらかじめ，体の位置」を意識する，とわざわざ強調しながら答えてくれた。

　大学までの教育課程でいったいどれほどの変化があったのかを初めて理解した瞬間だった。まだ10年と経たぬ間に，多くの生徒たちは文法知識をまったく持たずに大学に入学してきたのである。まるで文法教育がすっかり消滅してしまったようだった。さらに時間を経て，これはイギリスだけの出来事ではない，ということも分かった。英語を「学校の科目」とみなす，英語を母語としない国々でも，英文法離れが始まっていた。文法教育を続けていた数少ない学校でも，せいぜいラテン語や現代の他言語を教えるためのもので，英語に関する限り，文法は存在しないも同然だった。

　本書は，これらすべてがなぜ起きたのか，またその代わりに何が生じたのかを記している。イギリスのナショナル・カリキュラム【訳注：1989年から実施された，イングランド，ウェールズの公立中等教育における共通教育課程】での話ではあるが，1990年代に文法教育が再開した時，教師たちは，文法をどう扱えばよいか判断ができなくなっていた。当然であろう。教師たち自身が文法的な訓練を受けたことがなかったのだから。どうすればよいか判断ができない状態は，今でも続いている。

　だが，教師ばかりではない。生徒の保護者も，今では子どもの宿題の手伝いをする時に，「前置詞って何？」と尋ねられて途方に暮れているのである。前置詞に限らない。副詞って？　名詞句って何？？　さらには，従属節って？？？……実際，説得力を持つ明解な文章を書こうとするすべての人は，規則にうるさく理屈をこねる有識者たちが提供するわけの分からない説明を理解しようとして途方に暮れるだろう。有識者たちは文法を，正しいか正しくないかの単なる規則に過ぎないと考えるだけでなく，誰もがそう考えているとすら主張している。文法にどんな意味があるのか有識者自身に知ってもらわねばならない。

　いや，我々自身を含めた誰もがそうだ。幼い子どもですらも，文法がどんな意味を持つのか知る必要があるのだ。

文法を知らないということ——ある子どものはなし

　スージーが18カ月になった頃，お気に入りのクマのぬいぐるみを片手に抱いて，何やら興奮しながら部屋に駆け込んで来ると，私の前で立ち止まった。「押^{プッシュ}して！」満面の笑顔を見せながら，そう言った。私はしばらく考え，彼女の前にかがむとやさしく押した。うしろにふらふらとよろけ，思いっきりしかめっ面^{つら}を見せると，スージーは「だめ。押して！」と繰り返した。

　私はふたたび考えた。何か間違ったらしい。私を押したかったのかな。私はしゃがむと，両腕を広げ，言った。「さあ，押^{プッシュ}してごらん！　押してごらん！」と。スージーは何もせず，さらに憮然とした顔で，分かっていないというようすだった。「だめ。押して！」

　娘と私は最後には何とか分かり合えた。スージーは私の手を取ると，隣の部屋まで連れていき，おもちゃのブランコを見せた。ブランコにクマさんを乗せると，ふり返り，もう一度言った「押して」。そういうことか。押して欲しいのはクマさんだったか。

　思い出すたび恥ずかしいのは，その時「じゃあどうして最初からそう言わなかったんだい？」と思わず言ってしまったことだ。もしもスージーがことばを話せたらこう答えただろう「どうしてって，バカね，あたしはまだ月齢18カ月で，文法なんてまだ知らないからよ」。

　さらに続けてこうも言ったかもしれない「あと6カ月待っててちょうだいね，ダディ。そうすれば文法がちゃんとあたしの中にあるのが分かるよ」。そして，現実に2歳になる頃には，スージーは「ダディ，押^{プッシュ}して，あたしを」とか，「あたし^{ミー}，押^{プッシュ}す^{ユー}，ダディのことを」とか，「ダディが，クマさんを押す^{プッシュ}のそこで^{インゼア}」などと言えるようになった。ほんのわずかな間に，彼女は英語の語順の基本ルールを修得したのである。

　だが，語順のルールが果たした役割は何だろう？　ルールにしたがってスージーは意味のある文が作れるようになった——語順のルールは意味がわからない未熟な表現をやめさせたわけだ。「文が作れる」とは，文字通り「文を構築する」「文を創作する」という意味である。単語はそれ自体では意味を

成さない。もちろん，単語に意味は存在しているのだが，ぼんやりとした意味でしかない。きちんと文にして初めて「意味が作れる」ようになる。また文法が存在して初めて人は互いに明確に意味が理解できる。文法とは，文がどのように働くのか学ぶものだから。

　これこそ文法が存在する理由だ。ことばに意味を構築させるのだ。この本は，どうやって私たちが意味を構築しているのか，意味の構築にはどんな困難が待っているのか，文法的に正しく話したり書いたりしようとするとなぜ難しいと感じるのか，またそう感じた時にどうやって解決すればいいのかについて論じている。言うなれば，意味のある文の作り方を，意味あるものにしたいのだ。

E. ネズビットの *The Phoenix and the Carpet* (1904)（邦訳『火の鳥と魔法のじゅうたん』岩波書店）は，3人の子どもたちが花火の質について会話している場面から始まる。

「私が買ったのはみんな大丈夫よ」とジェインが言いました「だって，お店の人が，これならお金3つ分の価値があるって言ってたもの」。
「3倍^{スリブル}が文法的に正しいんじゃないかしら」とアンシア。
「もちろん，そうさ」シリルが言いました「でもことば1つ違うからって，文法的におかしいということにはならないさ。だから，そんなに利口ぶることはないよ」。

英文法には「意味」がある

Making Sense: The Glamorous Story of English Grammar

1 文法，はじめの一歩

・・

　スージーが話しはじめた頃の語彙はどれも，いろいろな点で意味が曖昧だった。スージーが 'gone'（ゴーン）と言う時，状況を考えないと意味は分からない。何かが床に落ちたのか，誰かが部屋を出て行ったのか，それともテレビが消えたのか，すべては状況次第。'down'（ダウン）と言ったら，何かが落ちたのか，あるいは自分が下に降りたいのか。'more'（モー）は，「もっと（食べ物が欲しいの）」か，「これ以上（いらない）」という意味にもなった。幼い彼女が口にする半分以上は人や物の名前だったが，そのような時でさえ，名前の持つ意味は曖昧だった。'dog'（ドッグ）は「犬」ではあったが，しばらくの間，「猫」も「鳥」も「ドッグ」と呼ばれていたからだ。

　だが，たしかに文法的に未熟そのものの言葉遣いなのに，なぜか，れっきとした文として成り立っていた。たった1語しか口から出ていなくても，スージーの発言に見られる特定のリズムや抑揚に，周りの誰もが，まるで普通の文のように理解を示し，反応していたのだ。

　'dada'（ダダ）という語を，上げ調子で言うなら，それは「ダディなの？」という意味，下げ調子ならば，「ダディがいる」という意味，抑揚の上げ下げもなく（さらに両腕を左右に広げながら）言うと，「ダディ，抱っこ」という意味になる。私たちが普通に用いている文法規則など，この3種類の文にはいささかも見られないのに，声の上下の調子の違いで疑問文，叙述文，命令文になるのだ。けれど，ほんの数カ月ほど前にスージーが声に出すだけだった喃語とは明らかに違いがあった。というのも，以前は，スージーがバブバブと何か言っても，その中身は誰も理解できなかったのだ。昔の文法書には「1つの文とは，1つの完全な思考を表現するものである」と書かれていた。なるほど，スージーのことばは，彼女の人間としての最初期の思考を表現し

ているように，確かに聞こえた。

つまり，「最初の言葉」は——いわゆる内的構造を持たない文ではあるが——真の意味で「最初の文」なのだ。スージーはまたawgaw（アウガウ）と聞こえる何かを，歌うような調子で言っていた。これは食事の終わりに，私たちがスージーによくかけていた表現　all gone（オール　ゴーン，ぜんぶ食べたね）を，幼い子なりの発音で表現したものだった。大人にとっては2語で成り立つこの文を，まるで1語のようにスージーなりの発音で言っていたわけだ。似たようなことはしょっちゅうあった。飛び跳ねる遊びの　up and down（アップ　アンド　ダウン）は，upandown（アパンダウン）となった。しばらくの間，スージーは我が家の犬の名前をGudaw（グダウ）だと思っていたらしい——これは，私たちが犬を褒める時の科白（せりふ）　good dog（グッド　ドッグ，いい子だ）だった。

言語学者は，このような**一語文**を呼ぶための専門用語を思いついた。ホロフレーズ（holophrase）である（holoとはギリシア語で「一体の，全体の」を意味する）。この月齢の子どもの言語習得段階において普遍的な特徴で，習得する言語に関係なく，12カ月から18カ月の間にこの一語文の段階を通ることになる。しかも，当然ながら，子どもが家の中で複数の言語を毎日耳にしている場合は，耳に聞こえる単語はどの言語であっても同じように発話する。この段階では，子どもは言語と言語の違いを区別しないからだ。

⚷キーワード：文 sentence

スージーが月齢12カ月から18カ月の間にしていたことは，英文法——いや，あらゆる言語の文法——を探りはじめる時に誰もがやらねばならないことである。文法とは，複数の語を一緒に使う時に意味が通るようにする方法だ。**語**が組み合わさる構造の大きさに応じて，小さなものから**句，節，文，段落**…などと呼ばれる。そして句や節や文や段落がどのようにでき上がっているか，また構造の違いによってどのような意味や効果が生まれるのかなど，すべてを文法によって学ぶことになる。

自分の言葉に意味を持たせるために，スージーばかりでなく，誰もが必要とするのは文法である。一方，文脈を持たない語は通常意味を持たない。もし私が「木曜日」とか「不屈だね」とか「いくつものソーセージ」とかを突然口にしたら，どういう反応が返ってくるだろう？　私の周りの人たちには，この人は何を言っているのだろうと思われてしまう。きっと，私の頭に何が浮かんだのかを説明できる文脈を探り，そして，もし何の文脈もないとしたら，私がどうかしてしまったと思うに違いない。実際，文脈を持たない語を口にすることは，精神障害の１つの徴候たりうる。

　私たちが言語を用いて創造するすべてのもので，「文」こそが，昔も今も常に文法全体を支配している。文は言葉に意味を与えてくれる。それが文というものの仕事だ。私たちが文を聞いたり読んだりする時，その文の構成を知れば，助けを借りなくても，その文が何を意味しているのか分かる。文は自立した存在であり，ある意味，独立独歩であるとも言えることが，文はそれ自体で完結していると私たちが感じる理由だ。その感じが，上で言及した昔日の定義を導いたのだ：「１つの文とは，１つの完全な思考を表現するものである」。とはいえ，これは決して良い定義とは言えない。そもそも「完全な思考」とは何だろうか？

　上の段落で私が書いた１文を見てみよう。

　It led to the old definition I mentioned above: 'a sentence expresses a complete thought'.
　それが，上で言及した昔日の定義を導いたのだ：「１つの完全な思考を表現するものである」。

この中にはいくつの「思考」が含まれているだろうか？　実際，コロン（：）は２つの思考を結びつけている。コロンの左右に１つずつ思考が存在する。しかし，「それ」とはその前の文の内容を受けているのだから，恐らく「それ」も含めるべきで，だとすれば３つの思考が存在することになる。さらに，「上で」とは，本章の初めを指すのであるから，それも含めると，４つの思考となる。あるいは，そもそも思考とは不完全なものなのではないか。なぜなら

私は自分が言おうとすることを説明するために，同じ段落中の別の文を必要とするのだから。ということは，もしかしたら，1つの段落こそが1つの完全な思考を表現するものなのだろうか？　あるいは1つの章こそが？　あるいは1冊の本こそが？？

　1つの文の終わりまで来ると，確かに，文が終わった，完成したという感じはする。しかし，完成したというその感覚は，文が伝える意味によるものではなく，その文の構成がもたらしている。そういう文は「文法的に合っている（完全）文」と言われる。このページのほとんどの文も文法的に合っていると言われよう。しかし，以下のような文はそうではない。

　a very large tree　とても大きな1本の木が？　は？　を？

　walking down the road　その道を歩きながら？　その道を歩くことが？　を？

　I saw a car and　私は見た，1台の車と？　1台の車を見た　そして？

このような文を文法的に完成させるためには，例えば次のように，それぞれに付け足しの部分が必要となる。

　A very large tree was blocking the road.
　とても大きな1本の木が道路を塞いでいた。

　Walking down the road, we sang songs.
　その道を歩きながら，私たちはいろいろな歌を唄った。

　I saw a car and a bus.　私は1台の車と1台のバスを見た。

書き言葉では，文が完成したことを表すためにこのように最後に「ピリオド」のような句点を用いる。話し言葉では，決まったパターンの 抑 揚 を付けて文が完結したことを示す。上の文のどれかを声にだして発音してみれば，文が終わったことを聞き手に伝えるための声の上下の調子のパターンに気づくだろう。これこそがスージーが知り得た，英語という言語の最初の特徴だっ

た。文を言い終えたことを示す方法を知って，スージーは相手にあなたが応える番だと知らせることができるようになった。

　実際のところ，いろいろな種類の文の構成すべてを一言で表す定義を考えるのはかなり骨が折れる。もし，「文とは大文字で始まり，ピリオドで終わるもの」と信じるように育てられたならば，小文字で始まり（何百万ものメールやソーシャル・メディアの投稿，それにかなりの数の詩に見られる），ピリオド以外の？や！や…で終わる文，あるいは，多くの公共標識や看板に見られるような，文末に句点がない文に出会ったら，また新たな定義を考えねばならなくなる。

　読者の期待を煽る劇的効果を持つ「…」も文の定義をややこしくする。この「省略の点々」はアガサ・クリスティーのお気に入りの文体的テクニックで，章の終わりで頻繁に用いられた。エルキュール・ポアロの登場作品 *Mrs McGinty's Dead*（邦訳『マギンティ夫人は死んだ』早川書房）の17章の最後の1文を見てみよう。

> Don't go in there—don't go in.　Your mother—she—she's dead—I think—she's been killed ...
> 中には入らないで—駄目よ。あなたのお母さんが—死んでいるの，殺されたのかもしれない……

そして，18章の冒頭は，前章の終わりの読者の期待を受けて次のように始まる。

> 'Quite a neat bit of work,' said Superintendent Spence.
> 「実に見事な手口だな」とスペンス警視は言った。

原文ではスペンス警視の科白は，よく見て欲しいが，コンマで終わっている—直接話法では普通に用いられる句読法だ。

　意味内容を理解するためには前後の文脈が欠かせない文の場合，書き言葉の句読点，また話し言葉の声の上下の調子などによって，文として完結しているという感覚を受け手に与える必要もある。例えば Where is John going?（ジョンはどこへ行くの？）という質問に対する To the station（駅に）あるいは He is going to town（彼は町に行く）という返答は，特殊な文だ。英文法に適（かな）っているものの，意味を理解するには質問文を念頭に置かねばならない。私はすでに，似たような文を2つ，この章の中で使っている。

　　'Or a chapter? Or a book?'
　　「あるいは1つの章こそが？　あるいは1冊の本こそが？？」

　文法用語では To the station（駅に）などは**省略法**（elliptical）による文と呼び（ギリシア語の「不足する」という意味の語に由来），He（彼は）のような**代名詞を前方照応語句**（anapholic）と呼ぶ（ギリシア語の「後ろへ運ぶ」という意味の動詞に由来）。前の文にあるものを後の文で指し示すからだ（なぜギリシア語由来の用語が多いのかは，次ページの「閑話休題　その1」をご覧いただきたい）。

　このようにややこしい部分もあるが，文という観念は文法研究の中で主要な概念として生き残った。この概念に基づき，語から文が形作られていくという「下から上へ」というアプローチで語と語の組み合わせ方を理解することも可能だし，文とは何かという定義から個々の語の働きを考える「上から下へ」というアプローチで文の成り立ちを理解することも可能だ。しかし，どちらのアプローチをとるにせよ，意味を成し，文法的に合っている文を作るやり方にはいろいろとあるという事実は明らかだろう。私たちは，子どもとして習い覚えた規則で単語を結びつけ，大人として言葉の結びつきを洗練させる。言葉の結びつきのすべてを精確に描こうとするならば，さまざまな専門用語に御登場願わねばならない。とはいえ朗報がある。語を結びつける方法は本当にいろいろある，という一言ですべてはまとめられるのだ。残念な知らせもある。つまり，その方法は決して単純一様ではないということだ──ちょうどそのことにスージーは気づき始めたようだ。

　初期の文法家たち

　「文」を言語内部の1つのまとまりを表す単位として見る考え方は紀元前5世紀の古代ギリシアに遡る。当時のギリシアでは，ことばの単位をめぐる考察は，議論に勝つ最善の方法を探って連綿と続く修辞学の討論の一部を占めていた。「ソフィスト（智者）」と呼ばれた哲学者一派の考えでは，言語も含めたこの世のあらゆる現象は数学的計測の対象になり，彼らにとって最高の弁術とは，用意周到にすべて同じ長さに揃えた文で話すことだった。そんなソフィストの1人プロタゴラスは，文を叙述，疑問，返答，命令，祈願，招聘といった種類に分けたと言われている。

　今日私たちが持つ「文」という概念に相当するものは，古代ギリシア人の考え方にはなかった。プラトンやアリストテレス，そのほかストア派と呼ばれた文法家たちは，意味のある発話をロゴス（logos）と呼んだ——が，この語の意味はかなり広く，あらゆる種類の議論，計画，提案，意見を含むだけでなく，「文」「節」「句」と今日では呼ばれる言語構造も意味した。紀元前100年頃，アレクサンドリアで学んだトラキアのディオニュシオスは，後世に多大な影響を及ぼした小論 *Tekhni Grammatiki*（『文法の技法』）を書き上げ，その中で文とは「1つの全き思考」であると論じた。ラテン語著述家たち，特に西暦6世紀のプリスキアヌスがこの考え方を受け継いだことによって，古典古代世界から中世ヨーロッパに文法という概念が入ってきた。プリスキアヌスの著述 *Institutiones grammaticae*（『文法教程』）は，中世において，ラテン語を教えるための標準的な教科書となった。

　「意見，金言，格言」という意味だったラテン語の sententia に由来する現代英語の sentence が，文法における「文」という今日の意味を持つまでには1000年もかかっている。ローマ人が「文」を指す時に用いた語彙はオラティ

オ（oratio）で，これもギリシア語のロゴスと同じく広い意味を持っていた。英語においてsentenceという語が初めて記録されたのは14世紀だった。

　チョーサーの『カンタベリー物語』【訳注：カンタベリーに向かう巡礼者たちが1つずつ「話」を語るという，14世紀末に書かれた一種の物語集】の中の「メリベウスの話」でこの語が使われている例が見られる。「賢明」という意味の名を持つ妻プルーデンスは，夫メリベウスに「あなたのセンテンスは何ですか？」と尋ねるが，メリベウスの文法ではなく，意見について尋ねているのだ。中世後期の英語では，このように「意義深い言葉」という意味でセンテンスを使うのが普通だった。一方，初期のキリスト教の教義解説を集めた古典的著作集はラテン語では *Sententiarum libri quatuor* と題され，現代英語で *The Four Books of the Sentences*（『さまざまな教義についての4書』）【訳注：日本語では『命題集』】と訳されている。この「教義，教義的命題」から「法的見解（法廷での裁決）」へと意味は発展し，今日の英語におけるa sentence of five years（5年の禁固刑）のような「刑罰」の意味にもなった。

　センテンスは，「簡潔なことわざ」あるいは「格言」という意味も持ち続けた。ベン・ジョンソンの戯曲 *Poetaster*（1601）（『へぼ詩人』）の第1幕で，トゥッカ船長は，辛辣な質問をぽんぽん投げかけてくるオヴィディウスに向かってThou speakest sentences（あんたはセンテンスばかり口になさるなあ）と皮肉る。ここでもオヴィディウスの文法を話題にしているのではなく，次々と出てくる質問をまるで諺を口にするようだと評しているのである。

　ここから現在の意味まではわずかな一歩だ。実のところベン・ジョンソンの上記作品の完成前に，「文」という意味も併行して発達していた。同時代人であるシェイクスピアの『お気に召すまま』（第3幕第2場132行目）で，オーランドーは自分が書く恋愛詩はupon the fairest boughs, / Or at every sentence end（美しき枝枝の上に｜あるいはそれぞれのセンテンスの終わりに）必ずロザリンドの名を刻むというルールを課した。オーランドーは文法について何がしかは知っていたようだ。

2 文法，二歩目──まずは大きな見方

　子どもの言語習得は生後18カ月頃に次の段階に入る。より積極的かつ好奇心旺盛になって，話しかけてくれる大人に一生懸命話し返そうとする。

　生後18カ月頃から2歳までの期間は「二語期」といわれる。ヴィクトリアが21カ月の時の発話例を見てみると，その理由は明らかだ。

baby cry	赤ちゃん　泣く	daddy gone	ダディ　行った
dolly there	お人形さん　そこ	gone milk	なくなった　ミルク
she drink	彼女は　飲む	drink dolly	飲む　お人形さん
it off	それ　外す	that horsie	その　お馬さん

特筆すべきは，娘がすでに**文法の第1基本原則「単語は文の中でそれぞれ役割がある」**を習得していることが分かる点だ。彼女の発話を大人の言語に置き換えると明確になる。

baby cry	the baby / is crying	赤ちゃんは泣いている
daddy gone	daddy / has just gone	ダディは出かけたとこ
dolly there	dolly / is there	お人形さんはそこにいる
gone milk = milk gone	the milk / has just gone ミルクがなくなった	
drink dolly = dolly drink	dolly / is drinking お人形さんは飲んでいる	

彼女はまず，すでに習得した人やものの名前を使って話題にしたいことを述べ，それからその話題について，何が起きているのか，何が起こったのか，言及している。進行中の行為や終わった行為，場所の示唆だ。彼女は大きな

見方で自分の発話を認識しつつあるようだ。

　語順を間違えている場合でも，ヴィクトリアは単語それぞれの役割は正しく理解している。英語では，行為者が先に，その後で実際の行為の内容が言及される。彼女は，お人形が何かを飲んでいるのであって，誰かがお人形を飲むことはできないことを理解している。であれば，単語の順番がどうであれ，大人はその意味を理解できる。語順を変えると意味が変わるということを彼女が理解するには，もう少し時間がかかる。

　文法家は，名前を**名詞**（nouns），行為を**動詞**（verbs）と呼ぶ。19世紀から20世紀前半の英文法では，名詞は人や場所，物の名前と定義されていた。確かにその通りなのだが，それだけではない。抽象的なことも名詞で表す。同様に，動詞は「何かをする」ことを表す単語と定義されるが，動詞が表すのは「する」ことだけではない。でも，ヴィクトリアがこの年齢で単語をどのように考えているかを知るには，これで十分だ。彼女は，単語は文の中でそれぞれの役割を果たすということを理解しているようだからだ。そして，いずれ学校に通うようになって，名詞や動詞としての役割を持つ単語が，それぞれ異なる「品詞」（parts of speech もしくは word classes）に属することを学習するだろう。

　ヴィクトリアの他の文を見ると，初歩的な文法概念が名詞や動詞に限定されていないことが分かる。彼女は，同じことを2度繰り返すのを避けるための，she や it，that のような言葉を知っている。例えば，dolly drink の代わりに she drink のように。学校では，これらの単語が**代名詞**（pronouns）であるということを学習するだろう。そして，3章でさらに説明する通り，彼女のこの年齢での「二語文」は，他の文法概念が現れつつあることも示唆している。

⚷ キーワード：主部と述部 subject and predicate

　ヴィクトリアが21カ月で示した「文は2つのパーツからできていて，それぞれ別の役割を果たす」という大きな見方は，古代ギリシアの人々の言語

に対する文法的洞察の1つと同じであった。

　プラトンの『ソピステース』という対話篇の中で，存在という概念を表すための2つの呼び名が示される。1つは動詞で行為を表し，もう1つは名詞で行為をする人物を表し，よって，どちらか片方では発話は完成しない，と，登場人物のひとり，エレアからの客人が説明する。対話の相手テアイテートスがなかなか理解できないので，さらに例をあげて説明するが，その例はヴィクトリアの発話と同様に2つのパーツからできていた。

　客人の説明には「動詞は名詞と関わりを持たなければならない」とあるが，言語習得が一語期から二語期へと発達することを，紀元前のプラトンの時代なりに認識していたことになる。単語は，単独では発話を形成しない。別の単語とつながって初めて，意味を成すことができる。

　『ソピステース』では2つの重要な概念が登場する。

　　rhema（レーマ）：行為（複数形rhemata）
　　onoma（オノマ）：その行為を行う人物（複数形onomata）

現代では，それぞれ「動詞」「名詞」と訳すのが最適だろう。だが，プラトンはこの2つを，それぞれの意味だけでなく，それぞれが文の中でどのように論理を構築するかという機能の違いによっても区別している。レーマとオノマは「品詞」ではない。というのも，単語を品詞ごとに分類する分け方は，後の時代のものだからだ（6章参照）。

　現代英文法の用語が今の呼称に落ち着くには時間がかかった。最終的に，「行為を行うもの」がその文の**主部**（subject），「文のそれ以外すべて」は**述部**（predicate）と呼ばれるようになった。もっとも，‘subject’は‘subject matter’（主題物）というごく一般的な語から自然に発達したものだが，‘predicate’は論理学に馴染みがなければ今一つ意味がよく分からない用語だ。さて，実際どのように主部と述部を分析するかというと，

　　My uncle / saw the doctor.　私の伯父は／医者に診てもらった。
　　　主部　　　　　述部

となる。これですっきり説明がつきそうに思えるが，文法においては物事は決してすっきり説明がつくことはない。文法は，科学であると同時に芸術であり，2つ以上の方法で文を分析することは常に可能である，というのが，文法の大いなる真実なのだ。特に，ある1言語を説明するために生み出された概念や用語を別の言語の説明に援用する時，ここでは，ギリシア語起源のものをラテン語経由で英語に使用する場合だが，解釈が変わる可能性がある。

　主部の定義に反論する人はいないだろうが，述部については2つの異なる見解がある。1つ目は，論理学でよく例に出される文を見ると分かる。

　　　My uncle is a doctor.　私の伯父は医者である。

論理学者はa doctorが主部my uncleについて語る述部であると言い，動詞isは単に主部と述部を繋いでいるだけだとの主張から，この動詞を無視する。彼らはこの動詞を**コピュラ**（copula。ラテン語の「固く結びつける」という意味の言葉から）と呼ぶ。もしコピュラの役割が文の中の主部と述部，2つの部分を繋ぎ合わせることなら，そのどちらにも属さないことになる。

　論理学の一部として15世紀に初めて述部という用語が英語で用いられるようになった時，動詞isは述部ではないと理解された。しかし100年後，文法家が英語の文を分析し始めた時，問題が生じたのだ。

・コピュラ自体は何の意味も持たないので，述部の一部ではないと主張した文法家
・それに反対し，時制に応じて変化するので，他の動詞と同じく述部の一部だと主張した文法家
に二分された。

A.　My uncle / knows a doctor.　　My uncle / knew a doctor.
　　私の伯父は医者を知っている。　　私の伯父は医者を知っていた。

B.　My uncle / is a doctor.　　My uncle / was a doctor.
　　私の伯父は医者だ。　　私の伯父は医者だった。

上記Ａの組み合わせで，uncleの後が主部と述部の分かれ目であれば，ＢもＢも同様ではないのか，というのが後者の主張だった。現在の英文法ではＢをＡと同様だと分析するが，述部がどこから始まるのか，つまり，動詞isが述部に含まれると見なすのか否かという問題は，当時の文法家にとっては頭の痛い問題だったのだ。

　問題はそれだけではなかった。長い文はどう解釈すればいいのか。

　My uncle saw the doctor yesterday in London.
　私の伯父は昨日ロンドンで医者に診てもらった。

この文の場合，問題になるのはyesterdayとin Londonという余分な部分で，省略してしまっても意味は成り立つ。文法家は，これらを**付加詞**（adjuncts）（ラテン語の「関係する」「関連のある」を意味する語から）と呼ぶようになった。では，この付加詞はどのように扱うのか。述部に含めるのか含めないのか。再び，2通りの考え方ができる。

・動詞が表す意味を広げるので，付加詞は述部に入ると考えた文法家は，

　My uncle / saw the doctor yesterday in London.
　　主部　　/　　　　　　　　述部

と分析し，例えば形容詞が名詞の意味を広げてyoung doctor（若い医者）になるように，「いつ」「どこで」を表す付加詞も述部の中に分類した。

・これに対して反対の立場をとる文法家は，付加詞語句は，文の意味の中核
　に必要がないので述部には入らないと主張し，

　My uncle / saw the doctor / yesterday in London.
　　主部　　　　　述部　　　　　付加詞

と分析した。

　今日の文法書では，上記2つの意見と同時に，述部という用語が表す意味は広すぎるので，この用語を使うのをやめよう，という3番目の意見も見ら

れる。英語には述部に分類される文構造の種類がとても多いので，直接それ
ぞれの述部を分析するほうが意味がある，というのだ。詳しくは8章で論じ
るが，英語学の中で長年研究されてきたにも関わらず，今日，述部という用
語にまったく言及しない文法家もいる。

　さて，いったいどの意見が正しいの？と読者が自問しているとしたら，現
代の文法家のような考え方ができていないことになる。それぞれの意見には
支持するだけの理由があり，どの意見がより説得力があるか，1つ1つ議論
を吟味していく作業が（少なくとも文法家にとっては）面白いのだ。これらの
議論の中には科学的なものもあれば，多くの人は気づいていないが，美的セ
ンスに類するものもある。ある分析が，他よりも「よりシンプルだ」「より
好ましい」「よりエレガントだ」とみなされることがあるのだ。

　この見識が欠如しているために，世界中の教育関係機関の人々は文法はス
ペルや数学と同じようにテストできると考える。もちろん，学校は言語の標
準的使用法を教える必要があり，社会が要求するレベルの話し言葉と書き言
葉を身に付けるためには，子どもはその使用法を習得する必要がある。テス
トはその使用法の達成度を確認する手段だ。しかし，忘れてはならないのは，
言語の用法とその用法が分析され記述される方法は，時代が変わればそのた
びに変わり，言語の標準的使用法はそのときどきによる用法と分析の中から
抽出される，ということだ。時代が変われば，規範も変わるのである。文法
をテストすることに伴う課題は，追補（本書p.220〜）で論じる。

3 文法，二歩目——続いて小さな見方

　もちろんヴィクトリアは，何が述部であるか否かといった大人の議論など知らんぷりだ。彼女にとっては，1つの文は2つのパーツでできている，オワリ！である。けれど実際にその2つのパーツから彼女が作り上げる文にはいろいろな種類があった。2章で，ヴィクトリアが使っていた文は「大きなものの見方」を体現しているのを見た。でも，以下のような例を見ると，ヴィクトリアは細かい部分にもちゃんと注意を向けているように思える——つまり「小さなものの見方」をきちんとしているのだ。

my bed	あたしの　ベッド	silly hat	おバカな　帽子
more toy	もっと　おもちゃ	my apple	あたしの　りんご
hat mummy	帽子　ママの		

一語期の言葉遣いと比べると，物の名前に対する関心の向け方が変わっている。いつものベッドは単なるベッドではなく「あたしのベッド」になり，いつも被っている帽子も「おバカな帽子」になっている。つまり，**文法の第2基本原則「ある単語は，別の単語の修飾を受けると，輪郭がはっきりして特定の物を表す」**を，ヴィクトリアはすでに習得しているのだ。そのような2語の関係を文法家たちは称して，ある単語が別の単語に**修飾を加える**（modifying）または**形容する**（qualifying）と呼ぶ。

　スージーも，この段階に到達してからは，似たような行動を取った。彼女の語彙は必ずしもヴィクトリアと同じではなかったが，次のようなことが言えるようになった。

my car	あたしの　車	big car　大きい　車

more car　もっと多くの　車

　明らかに，スージーは車というものを今までとは違う角度から考えるように
になった。お兄ちゃんがおもちゃの自動車を奪おうとした時，あたしのよ，
お兄ちゃんのじゃないわ！とスージーは主張して「あたしの車」と言ったの
だ。また，a big car or a little one（大きい車と小さいほう）の，どちらが欲
しいか尋ねたところ，スージーは「大きい車」と答えたのである。さらに，
6台のおもちゃの自動車を箱の中に入れ終わった時，まだ箱の中に隙間があ
ることが分かると，more car（もっと　車）を欲しがった。my（あたしの），
big（大きい），more（もっと多くの）という語は，それだけだと曖昧な意味の，
1章で述べた一語文ホロフレーズでしかない。ところが，car（車）という語と一緒に使う
と，その文には新しい命が宿った。新しい物語が創られた。
　ある語が他の語に従属することで意味の焦点が定まる時，その構造を文法
家たちは**句**（phrases）と呼ぶ。そして，car（車）とは名詞なので，文法家
はスージーのことばを**名詞句**（noun phrases）と呼ぶ。car（車）はこの名詞
句の**主要部**（head）と呼ばれる。スージーがもっと成長すると，句には別の
種類もあることを学ぶ（4章参照）。だが，すべての句はどれも「小さな見方
で捉えているものを伝える」のだ。
　my（あたしの），silly（おバカな），more（もっと），mummy（ママ）のよ
うに焦点を絞りこむ語にはいろいろな種類がある。ヴィクトリアやスージー
は，文の作り方が発達するにつれて，句の働きにはかなりさまざまな種類が
あることにも気づいた。さらに成長すると，silly（おバカな）のような語は
形容詞（adjectives）と呼ぶことを2人は学ぶようになるのだが，それを使う
と，素晴らしいことに，物と物とを比べることができた。彼女たちには大発
見だった。あの帽子はsilly（おバカ）だけれど，あっちのはsillier（もっと
おバカ）で，もっとあっちのは全部のなかでsilliest（一番おバカ）なの！
これはワクワクするような発見だ。そしてこれこそが，文法グラマティカルの構造というも
のそれぞれに隠されているグラマラス魅惑的な味わいである。
　娘たちは語順も正しく使えていた。my bed（あたしの　ベッド）であって

bed my（ベッド　あたしの）ではない。toy more（おもちゃ　もっとを）ではなくmore toy（もっと　おもちゃを）である。だが，hat mummy（帽子　ママの）は間違っているように見える。ヴィクトリアはmummy's hat（ママの　帽子）と言いたかったはずだ。これにはもう少し時間が必要だった。そして，その過程で，英語の文法は，それほど単純ではないことを学ばなければならなくなるのである――英語の所有を表す語には後ろに 's を付ける必要があるものと，（myのように）必要がないものとがあるのだ。またヴィクトリアは，mummy（ママ）のような名詞では，比べる遊びができないことも知る。つまり，普通は，ママは他の人よりmummier（もっとママ）であるとは言わないのだと気づいた。

　だがこれは娘たちが未来に学ぶ文法だ。そして，どのように言葉は使われたり使われなかったりするのかをすっかり理解するまでには，かなりの時間を要する。娘2人は，いましばらくの間，つまり2歳になるまでの6カ月間のほとんどを今までの基本的な文法規則を確実にするよう取り組むのである。語彙も急速に伸びていく。2歳になるまでには約200語は覚えるだろう。そして慣れてきた文構造の中に新語を落とし込んでいく。see birdie（鳥ちゃんを見る），see elephant（ゾウを見る），see fairy（妖精を見る）……my elephant（あたしのゾウ），my ball（あたしのボール），my socks（あたしのくつした）……。当時の録音からは，娘たちが非常に多くの二語文を使っていたことが分かる。あるものは大きな見方を示し，あるものは小さな見方を示す。そして新語の出揃う頃，次の文法的な主要項目が彼女たちには用意されていることも分かった――だがそれは，次章で扱おう。

🔑キーワード：統語論 syntax

　数少ない例外を除いて，娘たちは語順の原則をほぼ守り始めていることが，前章と本章に示した二語文から分かる。英語においては，理解可能な文章を生み出すためには，語順は生命線である。大人であればthe dog is chasing the cat（あの犬はこの猫を追いかけている）は意味が通るけれど，dog is cat the chasing（犬は　いる　猫を　あの　追いかけて）では意味が通らないことが分かる。大人はまた，語順を変えることで意味が根本的に変わってしまうことも知っている。「あの犬はこの猫を追いかけている」は「この猫はあの犬を追いかけている」とは決して同じ意味にはならず，the taxi is here（タクシーはここにある）は，is the taxi here（タクシーはここにあるの？）とは同じではない。またI had my hair washed（私は自分の髪を洗ってもらった）もI had washed my hair（私は自分の髪を洗った）と同じ意味ではない。

　英文法の最大の要点は文中の語の順序にあり，語の並べ方に関する学問を**統語論**（syntax）という。再びで恐縮だが，この語もギリシア語由来である。ギリシア語syntaksisは「秩序を持って並べること」という意味だ──並べるものは何でもよかった。だがプリスキアヌスがラテン語文法の教科書の中で語順について述べる時に用いて以来，文法の一部となった。syntaxという語がフランス語を経由して英語に入ってきた16世紀，統語論は文法の主要項目と見なされるようになった。ベン・ジョンソンは，1600年代の初め頃に，

　　文法とは，真実を語り，うまく話すための技術である。

という1文ではじめた著書*English Grammar*（『英語文法』）の中で，文法を次の2つの部分に分けた。

　語源　Etymologyという，語の正しい注釈
　統語論　Syntaxという，語の正しい並べ方

　とはいえ，syntaxという語の元々の，より一般的な意味も忘れられたわけではなかった。何世紀にもわたって，庭園の植物の配置法，音楽の分野での作曲の際の配置法（musical syntax），骨と肉体との繋がり，そして調理法における素材の配合をも意味した。新しく応用される場合もあり，syntaxは，例えばコンピュータ・プログラミングにおける核となる概念でもある。*The Oxford English Dictionary*（*OED*；『オックスフォード英語大辞典』）では，2011年に「マンガの連続するコマ割りのシンタックス」について述べる記

事が引用されている。また，私は，ロンドンのソーホー地区の店先で『セックスのシンタックス』というタイトルの本をかつて見つけたこともある。

　文法の世界に戻ろう。次の段階では文中の語の扱い方を探るだろうと，読者諸氏は考えているに違いない。主部は述部の前に来るのか，それとも反対なのだろうか？　述部に複数の語が含まれている場合の順序はどうするべきだろう？　けれど，そのような質問に答える前に述べるべき問題がある。そして，スージーは3歳になる頃に，その問題に直面するのであった。

4 文法，三歩目
──大きな見方と小さな見方を組み合わせる

　スージーが習得したのは，**文法の第3基本原則「正しい順番で単語を繋げる」**であった。そしてそれは，red car（赤い車）やcar gone（車　行っちゃった）のような単純な文を言っている限りは役に立つ原則だった。だが，子どもが2歳になる頃には，red car gone（赤い車　行っちゃった）のような文を作って大きな見方と小さな見方を組み合わせ，もっと表現したくなる時期が訪れる。

　これは大きな前進だ。というのも，新しいことをしているからだ。もはや，単に言葉を繋げているだけではなく，1つの文の中に構造上の**階層**（levels）がある，つまり大きな見方の中に小さな見方が含まれているのだ。下の図で，構造上の2つの階層が理解できるだろう。

redが修飾するのはcarであって，goneではない。スージーがred gone（赤い　行っちゃった）と間違って言うことがあれば，実に興味深い。なぜなら，まわりの大人はそういう組み合わせでは絶対に言わないからだ。

　一度理解してしまうと，彼女は同じ方法で文を作っていく。see car（車を見る）とred car（赤い車）はsee red car（赤い車を見る）になり，Where hat?（帽子どこ？）とsilly hat（おバカな帽子）はWhere silly hat?（おバカな帽子どこ？）になる。いずれの場合にも，名詞句がより大きな文の一部になる。2歳の誕生日を過ぎると，この方法でどんどん文を作っていった。

　二語期には，スージーは別の品詞の語句でも実験を始めていた。sillyのよ

うな単語はvery silly（とてもおバカな）と強調できると気づいたようだ。
sillyは形容詞なので文法家はこれを**形容詞句**（adjective phrases）と呼ぶ。
やがて，この語句もまたより大きな文の中に組み込まれて，there very
silly hat（そこにとてもおバカな帽子）となる。何と野心的な四語文作成家だ！
　動詞も同様の扱いを受け始めた。両親が絵本の絵を，

> The duck is swimming in the pond.
> アヒルさんが池の中を泳いでいる。

> The bear's hiding in his cave.
> クマさんが穴の中に隠れている。

> The little girl is eating an ice cream.
> その女の子はアイスクリームを食べている。

などと説明するのを真似て，スージーは行為に焦点を当てはじめた。そうし
て，彼女は語尾のついたis eatingとついていないis eatの両方を使いはじめ
るが，どちらもisを伴うことでeatの意味を強調しようとしている。eatは
動詞なので**動詞句**（verbial phrases）と呼ばれる（ここで注意。文法家の中には，
ノーム・チョムスキーのように「動詞句」を伝統文法家のいうpredicate（述部）
と同じものとして，より広範囲の意味で使用する人もいる）。
　「小さな語」isが動詞句の中で何をしているのかスージーが理解するには，
少し時間がかかった。その意味が，littleやveryほど単純明快ではないからだ。
その単語が必要だということは何となく理解できても，よく間違った選択を
した。girl am eatingやgirl do eat, girl be eatingのように。のちに，この
小さな語isも動詞で別の意味を持っているが，とても特別な種類のグループ
に属することに彼女は気づく。この小さな語の仕事は，主動詞によって表わ
される行為をさまざまな見方で伝えることだ，と。これら小さな語は，「手
助けする」動詞（'helping' verbs）と呼ばれることもあるが，現代文法家は
助動詞（auxiliary verbs）と呼ぶ。
　そして，スージーは，特に場所を表すためにin carやon chairといった

句を使い始めて，それをより大きな見方の中に入れてgo in car（車に入る），dolly on chair（人形 いすの上）と言いだした。これらの表現の中で決定的に重要なのは，前置詞in, onである。これは，ある種の関係性──ここでは車やいすといった場所──を表すために他の単語の「前に置かれる」語である。文法家はこのような構造を**前置詞句**（prepositional phrases）と呼ぶようになった。

　ここまで来て，スージーは次の小さな，でも重要な一歩を踏み出した。1つの語句をより大きな見方の中に入れ込めるなら，2つ入れてもいいでしょ？結果は，

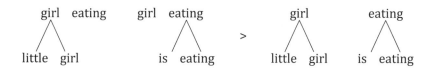

小さな一歩かもしれないが，これで突然彼女が作る文章が驚くほど成長して見えるようになった。

⚷ キーワード：句 phrase

　句（phrase）という語は，広い意味を持つギリシア語のphrasisが語源である。これは通常，ある話し方やある特徴的な表現スタイルを意味し，この意味で，16世紀にラテン語を経由して英語に入って来ている。

　17世紀後半になって，最初の英語の学校文法書が書かれると，phraseはより狭い意味で用いられるようになったが，本来の一般的な意味も残していた。*A Short Introduction to English Grammar*（1762）（『英文法入門』）の中で著者のラウス主教は，典型的な定義を示している。

　　句は，2つ以上の単語を正しく並べて作られたまとまりのあるもので，文の一部になることも文全体になることもある。

要するに，大抵の場合，言いたい単語の連なりが何であれ，この用語を使っ

て表すことができる，ということだ。

　この曖昧な定義は長くは通用しなかった。文法がより精密になるにつれ，単語の連なりを表す正確な表現を見つける必要があったからだ。また文法家は，2つ以上の単語の連なりにはそれ独自のまとまりがあり，文の全体的構造とは異なるという点に注目した。2章で見たように，文には主部と述部の2つの部分がある。

> a silly hat　おバカな帽子
> in the garden　庭で
> a boy on a bicycle　自転車に乗った男の子

上記の例だと述部を持たず，

> is eating　食べている
> has been moved　移された

上記の例では主部が欠けている。つまり，句と見なされる単語の連なりは主部・述部のような構造を持たない。このような例をどのように説明すべきなのか。

　英語においてどのように句が形成されるのか，納得のいく説明がなされるまでに200年以上を要したし，今でも議論は続いている。句は，果たす役割の種類も長さもさまざまで，1つ1つの句の意味を説明するのはとても骨が折れるのだ。

　自分で名詞句を組み立ててみれば，この複雑さが分かるだろう。名詞句は名詞を中心とする句なので，まず何でもいいから名詞を1つ考え，その前に次々単語を加えてみる。

> hats
> the hats
> the silly hats
> the silly red clown hats　おバカな赤い道化の帽子

all the silly red clown hats　おバカな赤い道化の帽子全部

not quite almost all of the silly red clown hats

おバカな赤い道化の帽子ほとんど全部じゃなくて

次に中心となる名詞の後ろに単語を加える。

hats on the hatstand　帽子掛けの帽子

hats on the hatstand worn by the children

帽子掛けにある子どもたちが被った帽子

hats on the hatstand that I knitted last week

先週私が編んだ帽子掛けの帽子

（ああ，最後の例だと，knittedしたのがhatsかhatstandか，曖昧になるね）延々と続けようと思えば，続けられる。名詞の前に置ける形容詞の数に理論的な制限はないし，後ろに置ける前置詞句の数にも制限はない。厄介な文法の悪魔は細部に宿るのだ。形容詞と形容詞のような働きをする単語を一緒に繋げるのは非常に自然なことで，例えばthe silly red clown hatsとネイティブは自然に句を作る。だが，それが実は複雑な作業だということを自覚していない。the clown silly red hatsやthe red clown silly hatsは不可なのに，その理由は？と尋ねられると簡単には答えられないのだ。つまり，句内の語順に働いている原理を理解するのは簡単ではない。

　文章が複雑そうに見える時は，たいていの場合，独自の構造を持つ句が多く含まれている。もし，文法的な考え方に不慣れなら，句レベルでの詳細事項に捕われてはいけない。最初の一歩は，より上の階層で，文が基本的で単純な構造を持っていることを理解することだ。そこから逸れると，複雑な文法の海で溺れてしまう。

　一見，複雑怪奇に見える文に遭遇しても，大事なことは基本構造を摑み取ること。残りの部分は，基本構造が分かれば，文中の名詞句，形容詞句，動詞句なども収まるところに収まって理解できるようになる。スージーが複雑な文に遭遇することはなかったが，それでも母親が，お片づけをしながら，

Those dollies need to go in the cupboard.

　あのお人形さんたちは押し入れにしまわなきゃ。

というのを聞いた時は，細かいことは無視して，基本構造を理解しなければ
ならなかった。

　dollies go cupboard　お人形さんは押し入れにしまう

この基本構造を理解する作業に，スージーは2歳から3歳にかけて膨大な言
語エネルギーを費やす必要があった（詳しくは8章で述べる）。その前に，も
う1つ，彼女が2歳の時に作りだした文に関して，注目しておく点がある。
自分が作る文に3つ目の階層を加えたのだ。

5 単語の内部構造

··

　誕生日パーティーで，スージーは紙帽子の色をいくつか言えた。自分のは red hat（赤い帽子），お友だちの帽子は blue hat（青い帽子），もっと多くのお友だちが来て帽子をかぶりはじめると more hats（帽子　もっと）。彼女は，すでに「1つ」と「2つ以上」という大変重要な違いを学習していて，文法ではこれを「単数」と「複数」に区別する。

　英語では，複数形を作る最も簡単な方法は，単数形の名詞に「s を付け加える」こと。例えば，cats，dogs，horses で，とても簡単な法則だ。だが，いざ発音となると単純に -s を付けるだけではすまなくなる。なぜなら，3つの異なる発音が関係しているからだ。名詞の最後で声帯が震えて音が出る場合は -s は -z の音になる（dogs，cars，bees，dreams）。名詞の最後で声帯の震える音がない場合は -ss の音（cats，cups，socks，coughs），名詞の最後の子音がすでに -s や -z の音なら，もう1つ母音 [i] が加えられる（horses，quizzes，dishes，bridges）。

　2歳になるまでにスージーはこれら3種類の語尾を正しく発音できるようになった。そして彼女は，他の単語にも語尾があることを発見した。例えば，run の他に running，big の他に biggest，jump の他に jumped というように。3歳の時に，スージーは**文法の第4基本原則「文の中で単語を並べる順番を変える方法だけでなく，単語の形を変える方法でも意味を表すことができる」**を習得した。

　この原則は，3つ目の階層を形成する。4章で使った図を拡張すると次のようになり，それがよく分かる。

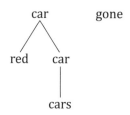

スージーがred cars gone（赤い車（複数）が行っちゃった）と言う時，彼女は3つの文法的な作業を同時に行っている。この，いわゆるマルチタスク能力こそが文法の肝なのだ。

　彼女は自分がしていることをまだ分かっていないが，単語レベルでの英語の学習はそれほど大変なわけではない。英語にある，文法上の区別をつけるための語尾は1ダースにもならない。-sは名詞の複数形を作る他に，名詞に付けて所有を表わしたり，動詞に付けたりすることもできると彼女は学習する。動詞に-edを付ければ，時間枠を遠くの過去 I jumped（私は飛んだ）か近くの過去 I have jumped（私は飛んだところだ）へ変えられる。また，2つの形容詞の語尾（biggerやbiggest）で比較の程度を表すこともできると学習する。文の中のどの位置で使われるかによって，例えばheがhimになるように，形を変える代名詞があることや，is notからisn't，he isからhe'sのように単語を縮めて語尾として使えることも彼女は学習する。

　スージーがこれらの語尾を習得するのに，それほど時間はかからず，3歳の誕生日までには使いこなしていた。だが，これで終わりではない。名詞の複数形を作るのに不規則な方法があること（mousesではなくmice）や，動詞にもtakedではなくtookのように不規則な方法があることを学習する必要があった。また，I，me，my，mineといった人称代名詞の語形変化も難しかった（が，これについては次の6章で）。しかし，彼女の3つ目の階層での学習はほぼ終わっていた。

　もちろん，英語より語尾が多いスペイン語やフランス語なら，もっと時間がかかっただろう。何百という語尾を持つ言語もあるし，アフリカの言語の中には何千という語尾を持つものもある。もしスージーがフィンランド人だっ

たら，英語が前置詞 in や on で表す意味の違いを 15 種類の名詞の語尾で表現することを習得しなければならなかっただろう。ということは，フィンランドの子どもたちは英語を母語とする子どもたちよりも，語尾を学習するのに時間を要するということだが，その反対に，英語が母語の子どもたちは前置詞の用法の習得が大変なのだ。

　文法学習の難しさがどこにあるかに関わらず，子どもたちはほぼ同じ年齢で母語を話せるようになる。もし，ある 1 つの言語が多くの語尾を使って意味を表すなら語順はそれほど重要視されないし，その反対もまた然り。物事は「トントン」で，すべての英語学習者は，統語論（文法）に関しては英語は大変だが，形態論（語形変化）については結構楽であることに気づくのだ。

🗝️ キーワード：形態論 morphology

　16 世紀の終わりにかけて現れた最初期の英文法書は，語尾に関する記述が中心だった。なぜなら，当時から 20 世紀に至るまで，文法書の書き手たちは一様に，古典ラテン語文法を記述した先達の手法をそのまま踏襲してきたからだ。まったく魅力に欠けた<ruby>数世紀<rt>アン　グラマラス</rt></ruby>だったのだ。英文法とラテン語文法では，その働き方が大きく異なるということが考慮されなかった。

　我々は，いまだに，英文法の考え方に入り込んでくるラテン語の有害な影響を除去しようとしている。英語を「正しく」用いなければ，という懸念には，英語があたかもラテン語であるかのように考えられてきたことが原因となっている場合がある。「それは私です」は it is me なのか it is I なのか，「あなたと私の間で」は between you and me なのか between you and I なのか，to 不定詞の to と動詞原形の間に副詞を挿入して良いのか，文を前置詞で終わらせて良いのか，迷ったことがあるなら，数世紀にわたって学校が教え続けたラテン語の罠に嵌っている（ラテン語の罠については，12 章で詳しく述べる）。

　結果，英文法の研究がどのように発達したのか知ろうにも，古典の知識，特にラテン語文法の知識がないと訳が分からない用語だらけで理解不能なのだ。先述の通り，文法は意味を成り立たせるために存在する。英語は，主に

語順を変えること，つまり統語で意味を成り立たせる。ラテン語は，単語の形を変えるという形態論の範疇でこれを行う。これは大きな違いだが，この違いをきちんと認識するには，現代言語学の誕生を待たねばならなかった。

形態論（morphology）という用語は，科学的探究が爆発的に進歩した19世紀初期に現れた。生物学や生理学，地理学の分野で，それぞれの研究対象の形が議論の対象になったのだ。共通のテーマは構造，すなわち，全体を構成するパーツとパーツの関係性，の研究であった。言語学者は，この用語を単語の構造の研究，特に文法的関係性を表す語頭と語尾の分析に応用した。

この用語が現れるまでは，単語の語尾の変化に注目した**語形論**（accidence）という用語が使われていた。語尾変化は単語の本質に必須のものではないから‘accidents’（偶発的な出来事）だと初期ラテン語文法家が考えたからだが，1930年代に言語学者が世界中の言語の単語構造における驚くほどの多様性を報告しだすようになると，代わりに形態論という用語が，より包括的な用語として使われるようになった。また，個々の言語特有の文法的特徴を尊重するべきだという新しい言語学研究の方向性を示唆する用語でもある。

一方で文法家は，ラテン語文法の**屈折**（inflection。inflexionとも綴られる）を，文法上の関係性を表す語形の用語として残した。この用語は，「曲げる，屈折する」という意味のラテン語動詞flectereから派生した。他の学問領域の専門用語が文法用語として使われることはしばしばあるが，この屈折（inflection）という用語も光学や幾何学の分野で用いられている。文法では，単語の語尾が変化することを「曲がる」と見立てて単語の屈折と表現し，英文法では語尾を**屈折語尾**（inflections，またはinflectional endings）と呼ぶ。

初期の英文法家は，用語を引き継いだだけでなく，ヴァッロやプリスキアヌスといったラテン語文法家によって使用された区分の仕方も採用した。ラテン語文法家の間でも，どの語形を「原形」とするかといった細かい点で意見が分かれることはあったが，名詞は名詞，動詞は動詞で，語形変化表にまとめる意義は認められた。何より，ローマ帝国が拡大していく過程で外国語を母語とする人々にラテン語を教える上でも，その後，中世ヨーロッパにおいてラテン語が学問と教育のデフォルト言語となった時も，その語形変化表

は他の付随する用語体系とともに言語教育上なくてはならないものとなった。

　以来，学校教育において子どもたちは名詞や動詞の語尾変化からラテン語の学習を始めることとなったのだが，ラテン語ほど屈折しない英語を母語とする子どもたちにとっては，最初の難関となった。しかも，例えば動詞を例にとっても，すべてが同じ語尾を持っているわけではない。私自身，子ども時代のラテン語学習でこのことに気づいた。ラテン語から派生した用語を踏襲して，それぞれ異なる動詞の語尾の組み合わせを**動詞活用**（conjugation）と呼ぶ。私が学校で学んだのも，動詞を「活用させる」ことだった。

　同時に，名詞や形容詞，代名詞も**格**（case）に合わせて屈折する語尾の組み合わせを持っていることも学習した。格は，それぞれ文法的関係性を表す。case という単語もラテン語から来ている。名詞の格変化も表にまとめられ，子どもたちは苦労して覚えなければならなかった。名詞の語形変化を**格変化**（declension）と呼ぶ。文法では，それぞれの格は明らかに基本形とは異なる形をしていると認識される。名詞 friend（友人；ラテン語 amicus/amica）という単語を例にとってみよう。

- friend という名詞が行為者を表す場合，**主格**（the nominative case）の形を取る（例：My *friend* visited me）。ラテン語では amicus という語形で，文の主語として働く。名詞 friend を指す代名詞（*He* visited）も主格を取る。
- friend に対して呼びかけたい場合（例：Lovely to see you, my *friend*），**呼格**（the vocative case）の形を取る。ラテン語の形は amice で「呼びかける」格である。ラテン語の呼格名詞は，O friend! のように O を用いた英語に訳されるのが慣習だったので，初期の英文法教育では生徒が真面目な顔をしながら 'O table' だの 'O stone' だのと練習する滑稽な場面が多々見られた。
- friend に対して直接的に行為が及ぶことを表したい場合（例：I visited my *friend*），**対格**（the accusative case）を用いる。ラテン語形は amicum。対格の名詞は，動詞の目的語として働く。「非難する」という意味の 'accusing' とは本来，何の関係もないこの用語は，その意味が不明瞭だが，

ギリシア語を正しく理解できなかったラテン語文法家の迷訳が原因である。ラテン語文法との関連から切り離したい英文法家は，対格の代わりに目的格（objective）という用語を用いる。したがって，動詞の目的語として代名詞が使われる際，その語形が he から him に，we から us に代わる時，him や us を**目的格**（the objective case）という。

・friend が，何かの所有者であることや派生元であることを意味させたい場合（例：My *friend's* car），**属格**（the genitive case）を用いる。ラテン語形は amici。'genitive organs'（生殖器）に見られるような生殖と関わる格ではないので，これもまた意味不明瞭な用語である。現代の英文法家は，より明瞭な**所有格**（the possessive case）という用語を代わりに使用する。

・friend に対して間接的に行為が及ぶことを表したい場合（例：I gave the book *to* my *friend*），**与格**（the dative case）を用いる。ラテン語の形は amico。「与える」格だが，英語では前置詞 to や for と共に，あるいは前置詞を使わず語順で表わされる（例：I gave my *friend* the book）。この用語は，ギリシア語で「与える」を意味する動詞の単純明快な訳である。

・ある行為が行われる方法や手段として friend を使用したい場合（例：I learned the news *through* my *friend*），**奪格**（the ablative case）を用いる。ラテン語の形は amico で，英語では大抵の場合，前置詞 by や with，from を用いて表現される。

以上で全体の半分だ。というのも，当然のことながら，すべての格に複数形があるからだ。いや，実際は半分どころか，ほんの一部でしかない。ラテン語の名詞には5種類の格変化があり，それぞれに語尾が決まっているし，かつ多くの例外もある。そのために，ラテン語は英語とはとても異なる，非常に単語の形態に依存した言語となっている。が一方で，表現の簡潔さや力強い弁舌リズム，文体の多様性，文学的優雅さは，中世ヨーロッパにおいて言語的に卓越したモデルとして他の追随を許さない地位をラテン語にもたらした。もし英語がそのラテン語の水準を達成できれば，とてもいいことだと英文法家は考えたのだ。

| 最初の英文法家

　ウィリアム・ブロカー（1531年頃～1609年）は最初期の綴字改革者で，英語のために発音記号を40文字考案した。68ページにのぼる *Pamphlet for Grammar*（1586）（『文法のための小冊子』）という初めての英文法書を執筆する中で，彼は自分の考案した発音記号を用いている。その本のタイトルを，綴りを現代風に直して以下に引用する。

> *William Bullokar's Pamphlet for Grammar: Or rather to be said his abbreviation of his Grammar for English, extracted out of his Grammar at Large. This being sufficient for the speedy learning of how to parse English speech for the perfecter writing thereof, and using the best phrase therein; and the easier entrance into the secrets of grammar for other languages, and the speedier understanding of other languages, ruled or not ruled by grammar; very profitable for the English nation that desireth to learn any strange language, and very aidful to the stranger to learn English perfectly and speedily; for that English hath short rule (therefore soon learned) yet having sufficient rules therein to make the way much easier for the learning of any other language unknown before to the learner.*
>
> 『ウィリアム・ブロカーの文法のための小冊子，あるいは彼が書いた「大部の英語のための文法書」の簡略版。本書は英語での作文をより完璧にするために，英語の文法解説をいかに行うかを素早く学ぶに十分な内容を持ち，英文の最高の語句を用いており，外国語文法の極意への，また，

文法主導であるなしに関わらず，外国語をより迅速に理解するための，より簡易な入り口である。いかなる外国語を学ぼうと欲する英国民にとっても非常に利のある書物であり，外国人にとっても英語を完璧に，また迅速に学ぶに大いに助けとなる。というのも，英語の規則は少ない（したがって学ぶに早い）が，それでも学習者に未知のいかなる言語を学ぶ際にもより簡易なやり方を身につけるに十分なくらいは文法規則というものを持っているからである。』

残念ながら *Grammar at Large*（『大部の英語のための文法書』）は現存しないため，私たちには残された概要しか分からないが，それだけでもブロカーが英語について考察する際，どれほどラテン文法に依拠していたかは示されている。

　ブロカーの用語はラテン文法，特にウィリアム・リリーによって書かれた文法書から，2，3の例外を除いて直接もらい受けている（例外の1つは**多義語**〔equivocal〕で，ブロカーは，同音異義語として複数の品詞に用いられる場合を表す用語としている。例えば，but は名詞，動詞〔「隣接する」の意。現在では butt と綴る〕，接続詞として用いられる）。また「文法解析をする」という意味の動詞 parse は，文中の語句を品詞に分けることを指す初期の使用例だ。

　彼こそが英語の文法をラテン語の文法で解説した嚆矢であって，以後この流れは20世紀まで続く。1960年代まで再版が続いた J. C. ネスフィールドの *English Grammar*（1898）（『英文法』）もその1つだ。ネスフィールド自身は，英語の名詞は所有格を除いて語形が格変化しないことを理由に，格という用語を使うのは「不適切」であるとは認めたが，古い考え方を自分から捨てることはできず，主格，呼格，対格，属格，与格のそれぞれを英文法の記述にも用いている。

6 マウスの複数形を語ろう

………………………………………………………………

　スージーは，単語の最後に「-sを付ける」ことで多くのことを話せると分かった時，文法なんて簡単だわ，と思ったことだろう。cars，buses，dollies，prams（乳母車），flowersなどなど，あらゆる名詞にこの-sを付けはじめ，やがてmousesと言った。Me not like them mouses（私　好きくない　その　ネズミたち）. 2歳半のことだ。

　新しい言語を学習する人は皆そうだが，彼女はこの規則がいつでも当てはまるという前提でいた。残念ながら，屈折言語は規則的とは限らない。常に不規則形という例外があるから。不規則形は，言語学習者の悩みの種であり，ラテン語の不規則形を学習するのに，いったいどれほどの時間を私が費やしたか分からないし，同様のことをフランス語でも繰り返した。英語学習者も同じ困難に直面する。

　動詞のほうが名詞より厄介だ。予測外の複数形を持つ名詞は，例えばmice，geese，teeth，men，feet，cacti（cactusesもあるが），childrenなどせいぜい20〜30語ほどで，覚えるしかない。だが，不規則動詞は250語以上あり，I walkがI walkedとなるように「過去形を作るのに-edを加える」という単純な規則が働かない。I takeはI tookに，I amはI wasに，I sayはI saidに，I goはI wentになる。

　スージーは，これらの例外に初めて遭遇した時，もちろん喜んで無視した。なので，彼女の口からはmousesもmansもtakedもgoedも出てきた。やがて，大人たちは違うことを言っていると気づくと，micesやmens，tooked，wentedを試すようになり，最終的にはmice，men，took，wentが勝利した。だが，すべての不規則形を使えるようになるのには長い時間がかかり，4歳までにはほぼ使えるようになってはいたが，小学校に入っても

ときどき曖昧だった。9歳の時でも，特に疲れている時は，tookenと言ったりしていた。今でも多分そうだろう。

　実際，不規則形に関する不確かさは完全には解決していない。このことが，語法上の議論の1つだ。I highlighted the words（私は単語を強調した）かI highlit the wordsか。sped（スピードを出した）かspeededか。spelt（綴った）かspelledか。swam（泳いだ）かswumか。不確かさの要因の1つは，地域によって形が異なるということだ。イギリス人はdived（潜った）と言い，アメリカ人はdoveも使う。イングランド内でも，地域によっては，雑草がsprang up（生えた）ではなくsprung up，芝生の端をstrimmed（芝刈り機で刈った）ではなくstrumと言う庭師もいる。北部ウェールズではjumped（飛んだ）の代わりにjampと言う人もいる。

　なぜ，不規則形が存在するのか。なぜ，規則が常には働かないのか。言語の歴史を遥かに遡ったところにその答えはあって，分からない。言語の最初期の段階で，なぜその言語使用者が異なった扱いをしたのかは誰にも分からない。言語使用者が，共通性がある——男性名詞vs女性名詞，生物vs無生物，ゆっくりとした行為vs突然の行為等——と感じたからか，あるいは，ある単語が別の単語と似たような音だと感じたから，同類と扱うようになっただけかもしれない。やがて，長い時を経てグループ分けが固定し，言語が文字によって書き残されるようになった頃には，元の変化形の名残りしか私たちには残されていなかった。

　ある言語の昔の文献を見れば多種多様な要因が関係していることが分かるし，今でもその要因が働いているのを観察できる。英語がアングロ・サクソン時代の9世紀頃に初めて記録された時，今日よりはるかに多くの屈折語尾と不規則形があった。古英語（アングロ・サクソン時代の英語）は，現在の英語よりもラテン語に近い屈折体系を持つ，よく屈折する言語だった。名詞cyning 'king'（王）は，今日の所有形に近い属格形cyningesだけでなく，与格形cyningeを持ち，複数形もすべて変化した（主格／対格 cyningas，属格 cyninga，与格 cyningum）。英文法の歴史を見れば，これらの語尾が徐々に使われなくなり，元の屈折体系のわずかしか残っていないことが分かる。

数百年の間に，不規則形の単語の中には規則形になったものもある。また反対に，今日のdugやcaughtという不規則形は，シェイクスピアがいた16, 17世紀にはdiggedやcatchedという規則形だった。記憶に新しいところでは，おそらくcastとforecastの変化に追随するかたちで，broadcastedがbroadcastとなった例がある。

文法史家は嬉々として，なぜ，ある単語はAの方向に変化したのに別の単語はBの方向に変化したのかを説明しようと何時間も費やす。だが，スージーのような言語学習者にとっては，まったく関係ない。彼女は自分の周りで耳にする用法を真似たいだけで，言語変化に関する説明や複雑さを知るのは学校に通うようになってからだ。

🔑 キーワード：品詞 parts of speech（word classes）

単語のグループ分けを見れば，ギリシア語文法家およびラテン語文法家が言語をどのように考えたか分かる。高屈折言語では，グループ分けは論理的であり教えるのにも適していた。英文法家もこの考えを適用し，それぞれのグループを品詞（part of speech）と呼んだ。

なぜ'part of speech'なのか。名詞も動詞もその他の品詞も，書き言葉でも使われるので，'of speech'は紛らわしい。これは，下手な翻訳の結果だ。ギリシアのトラキアのディオニュシオスが最初に'part of a sentence/clause/phrase'（文／節／句の部分）を意味するmeros logouと命名した。これをプリスキアヌスがラテン語でpartes orationisと翻訳した。oratioにはlogosと同じ幅広い意味があったが，同時に'speech'の意味もあったので，ラテン語partes orationisが15世紀英語に入った時，'speech'のほうの意味で理解されるようになった。結果，ラテン語の用語を使って英文法を記述しはじめた時，英文法家はpartes orationisを'parts of speech'と翻訳した。

現在では，parts of speechの代わりにword classesが用いられる。理由は2つ。1つは明白で，この考え方が話し言葉（speech）にのみ適応される，

という誤解を払拭するため。もう1つの理由は分かり難いが，parts of speech という用語自体，ラテン語教育の伝統との関係が深すぎたので，word classes を用いることで，そのラテン語文法の伝統から英文法を解放しようとした。実際，世界の言語にはラテン語文法では説明のつかない文法機能を持つ単語が存在する。それを認識するのも重要なことだ。

　15世紀にラテン語の品詞の概念が英語に入ってから，現在の英語の品詞分けへと発達するのには数世紀かかった。品詞の始まりは，紀元前5世紀のプラトンで，2章で見たように名詞と動詞を分けた。プラトンの弟子アリストテレス（紀元前4世紀）が3つ目のグループ，syndesmoi——名詞でも動詞でもないもの——を追加した。この3分類は非常に初歩的ではあったが，次の紀元前3世紀のストア学派の文法家が，今日に至るまで存在する品詞分けの体系が発達するのを促す役割を果たした。

　文法家はまず，名詞と動詞の他に，（後に代名詞と冠詞と呼ばれる）屈折する非名詞／非動詞と（後に前置詞と接続詞と呼ばれる）屈折しないものを区別した。次に，名詞を固有名詞と一般名詞の2種類に分け，動詞と名詞の中間に位置するような単語（後に副詞と呼ばれる）もグループ化した。これが，トラキアのディオニュシオスによって作られた最初のギリシア語文法における基本の品詞分けであり，彼は品詞の数を8個にまで増やした（以下に，現代英語の例と共に列挙する）。

・名詞（固有名詞と一般名詞の両方）：Athens, city
・動詞：go
・分詞（名詞と動詞の特徴を両方備える）：smoking
・副詞：slowly
・接続詞：and
・前置詞：in
・冠詞：the
・代名詞：I

これが，後の文法に関する研究に影響を与えた。最初にラテン語，そして英

語にも。

認識される品詞の数は，過去数百年の間に変化した。ラテン語には冠詞がないので7つになり，間投詞が加えられて8個に戻った。英語の著者による最初のラテン語文法書，例えば，11世紀の修道院長アルフリッチによって書かれたものは，プリスキアヌスのグループ分けをそのまま踏襲し，これが16世紀の学校文法で広く採用されるまで続く。英語では，冠詞a(n)やtheが非常に重要な文法的特徴であるにも関わらず，ラテン語文法の考え方が支配していたため，きちんと独立した品詞として認識されてこなかった。

ラテン語文法を踏襲する文法家たちが，形容詞を分けて論じていないことに驚くかもしれない。しかし，形容詞は名詞に合わせて屈折したので，名詞と同じと分類されていたのだ。18世紀になって初めて，文法家は英語独自の特徴に気づき，冠詞と形容詞をそれぞれ独立した品詞とした。*A Dictionary of English Language*（1755）（『英語辞典』）の中で，サミュエル・ジョンソンは英文法の概要を記述しているが，品詞の完全なリストは提示していないものの，冠詞と形容詞は識別している。これが，1762年のロバート・ラウス主教による最初の学校文法に影響を与え，彼に倣ったのが，19世紀に学校文法教育において多大な影響を与えることとなった1795年のリンドリー・マリーの英文法である。

ラウス主教とマリーの文法は，9種類の品詞を認める。冠詞，名詞（substantive），代名詞，形容詞，動詞，副詞，前置詞，接続詞，間投詞だ。そして，19世紀以降長い間，人々の品詞の考え方に多大な影響を与えてきた。現代英文法では，名詞はsubstantiveとは言わずnounと言う。

また，現代英文法には，冠詞に**限定詞**（determiner）という衣を着せて，品詞とする考え方もある。この限定詞という用語は，名詞の捉え方を「限定する」機能を持つ単語グループを意味する。以下の例から，英語で最も頻繁に使われる限定詞について，その用法の一端が分かるだろう。

・a cat：これは，最も不特定な名詞の言及の仕方である。どんな猫でも可。

最初期の英文法家は，articleという用語をラテン語とフランス語の用

法から借用し，このaを**不定冠詞**（indefinite article）と呼ぶ。

・the cat：ある特定の事物が想起されている。特定できる猫である。したがって，**the**は**定冠詞**（definite article）と呼ばれる。

・this cat：空間的に，時間的に，あるいはもっと抽象的に，自分に近いという意味合いを名詞に与える。ラテン語のdemonstrativus「指摘する，示す」から。複数形のthese と共に**指示詞**（demonstrative word）と呼ばれる。

・that cat：空間的に，時間的に，あるいはより抽象的に，自分から遠いという意味合いを名詞に与える。これもまた指示詞であり，複数形はthose。

・my，your，his（etc.）cat：その名詞が誰かに所属するものであることを示す。これらの単語は通常，**所有代名詞**あるいは**所有形容詞**（possessive）と呼ばれる。

　限定詞という品詞分類に所属する単語数は多くはない。しかし，なにかと独立的に使われるその他の単語，some，any，each，every，either，neitherなどを都合良くひとまとめにできる。ラテン語万歳の視点から英文法を見ることをやめて，独自の文法用語で議論するようになるとどうなるかの良い例だ。そして，この限定詞は，スージーにとっては非常に重要な品詞だった。特に，myが何を意味するかを認識した後では。

7 文の機能

．．

　単語の形に関する規則を習得している3歳の時，スージーは同時に急速に文のさまざまな機能にも気づき始めていた。なぜ，文を使うのか？　言語を習得した大人は，さまざまな文の機能を使って，記述する，尋ねる，命令する，説得する，約束する，注意する等々の目的を達成するものだが，スージーは，1章で見たように生後15カ月の一語文の段階から，目的を達成するためのことばの使い方をして自分の意思を表わしていた。

　私は，子どもたちのことばを記録しようと長期間にわたって録音機をオンにしていた。そしてある日，1章の冒頭で言及した単語の羅列を聞いたのだ。スージーは明らかに，文がすべて同じ目的を持っているわけではないと理解していた。

　私が大学から帰宅すると，キッチンの外の砂利道に足音を聞いて，彼女は上がり調子でDada?と言い，私が部屋に入ってきたら，下がり調子でDada。そして，両腕を広げ，平坦な調子でせがむようにDadaと言った。最初のは質問で「ダディかな？」，2つ目は事実の言及で「ダディだ」，最後のは明確に要望で「ダディ，抱っこ」である。「バイバイ」のような表現も使っていた。

　二語文の段階では，スージーは文のこれらさまざまな機能に対する認識を整理しはじめた。2歳も終わりに近づくと，彼女はより具体的な質問や要望を言っていた。Where Daddy?（ダディ，どこ？）やLook me（私を見て）。そして，作る文が長くなるにつれて，単なる発言と質問とでは決定的に異なる点を彼女は認識した。質問の文では主語と動詞の順番をひっくり返す，ということだ。

That is Miffy　→　Is that Miffy?

あれはミッフィよ　→　あれはミッフィなの？

とても単純な規則のように思えるが，2歳児が理解するにはそこそこ複雑で時間がかかる。

　特に，（英語を学習する誰もが直面するのと同様に）スージーは，whereやwhen，whatといった疑問詞で始まる疑問文に手こずった。疑問詞そのものが質問を表すので主語と動詞の順番をひっくり返す必要はないだろうという論理的な推測をスージーはたてた。そんなことをすれば，もう一度質問をしなおしていることになるのだから。なので，彼女が作った文は，

Where Daddy is going?（正しくはWhere is Daddy going?）
ダディはどこに行くの？

Where you have put it?（正しくはWhere have you put it?）
それをどこに置いたの？

最後には間違えなくなったが，スージーにとっては，不規則変化に加えてもう1つ，文法というものは論理的には働かないという教訓になった。

　子どもの文章作成能力は3歳で花開く。子どもたちは大人を「なぜなぜ」疑問文攻めにするし，「〜して」「〜しよう」の命令文や，「何て〇〇！」といったより完全な感嘆文，「わ〜ぉ」「おぅ」「うひゃ」等々の感嘆を補助する音も発達させる。普通の文と合わせてこれら4種類すべて，スージーの場合3歳までには習得していた。

⚷ キーワード：機能 functions

　文が表す主要な意味の種類——**機能**（functions）と呼ばれる——を表現する用語に，文法家は困らなかった。それぞれの機能を表す文法一般用語があり，私も使っている。**叙述文**（statement），**疑問文**（question），**命令文**（command），

感嘆文（exclamation）だ。英文法では question の代わりに interrogative，command の代わりに directive または imperative を使うこともあるので，英文法学習の際は要注意。

　異なる用語が存在する理由は，それぞれの種類の文が表す意味すべてを表現できるどんぴしゃりな用語がないからだ。

・叙述文は事柄の描写以外も表す。例えば，'Entry is prohibited.'（立ち入り禁止）では警告，'I'll make a donation.'（寄付するつもりです）では約束，'I resign.'（辞任します）では行動を。

・疑問文は情報を尋ねるだけではない。例えば，'Are you looking at me?'（俺を見てんのか？）では脅迫し，'They're late again, aren't they?'（あの人たち，また遅いわね）では相手の了解を求め，'Who would have thought it?'（いったい誰に思いつけたでしょうか）では強調を表す。

・命令文は指示以外も表す。例えば，'Let's stay a few more minutes.'（もう数分いよう）では提案，'Turn left at the church.'（教会で左に曲がりなさい）では方向指示，'Mind the gap between the train and the platform.'（電車とホームの隙間にご注意下さい）では警告を。

・感嘆文も突然の感情を表すだけでなく，'Cheers!'（乾杯）では連帯感を，'Happy Birthday!'（誕生日おめでとう）だと祝福を表す。

　文法記述は叙述文から始まる。これは，文が事実をどのように叙述するか分析することに腐心した古典時代の文法家が言語研究を哲学的なアプローチから行ったからだ。彼らの関心は，言説の真偽にあり，そのことが叙述文に特別な役割を与えた。文法を記述するようになって以降も，文法家の言説の真偽に対する関心は続いた。以来，叙述文は基本形と見なされ，言語学習者は，まず叙述文をその言語でどのように作るのか学び，それから疑問文，命令文，感嘆文を学んだ。

　最初の英文法では，文はこれら4種類の機能のどれかを表すものであった。現代英文法は，より間口を広げて，これら4種類に当てはまらない文があることも認める。その良い例が，**エコー文**または**オウム返し文**（echo sentence）で，

疑いがある時や相手の言ったことに異議を唱えたい時に使う表現だ。

A.　I'm going to drive.　　B.　You're going to drive?
ドライブに行くよ。／ドライブに行くって？

A.　Have you read the paper?　　B.　Have I read the paper?
新聞，読んだかい？／新聞を読んだかだって？

A.　Go by train.　　B.　Go by train?
電車で行きなさい。／電車で行けって？

A.　Congratulations!　　B.　Congratulations?
おめでとう！／おめでとう，だと？

　オウム返しする理由はさまざまだ。話者Bは驚いたのかもしれないし，批判的なのかも，腹を立てているのかも，拒否しているのかもしれない。確かなことは，この相手の文をオウム返しするというコミュニケーションの取り方は，4種類の文すべてにおいて応用でき，したがって別に説明する必要があるのだ。

　昔の英文法は，ほぼ完全に書き言葉における文の描写に基づいており，小説でもない限りこのようなエコー文は稀だったので無視した。エコー文は日常会話でよく起こる典型的でダイナミックな言語のやり取りであり，20世紀半ばの言語学者が扱うまで文法家が記述しなかったジャンルだ。

　話し言葉が研究対象になるや否や，上記4種類では分類・記述できない文に遭遇することになった。例えば，Yes, No, Hello, Goodbye, Thanks, Sorry, Good morning, Good night, OKといった発言をどのように扱うのか。

　これらの文は，それまでの伝統的な上記4種類の用語での記述を不可能にし，現代文法家はそれぞれ異なった用語を用いる。会話での機能の分類を考えて，**返答**（responses,），**あいさつ**（greetings），**別れ**（farewells），**声掛け**（calls,），**謝罪**（apologies）などのラベルを用いる文法家もいれば，「文構造

を持つ」文（I give you thanks. 私はあなたに感謝します）の短縮形（Thanks. ありがとう）と見なす文法家や、「文構造を持たない文」というカテゴリー分けをして「マイナー」（minor）または「イレギュラー」（irregular）と呼ぶ文法家もいる。私個人は、英語において完全な構造を持つ文を「メイジャーな文」（major sentences）と呼ぶので、それとの対比で「マイナーな文」（minor sentences）という表現を好む。

　「マイナーな文」は、その言語の文法的主要構造の複雑さを持たないので、言語学習者はすぐ習得する。フランス語を話さない人でも、oui^{ウィ}（はい）や merci^{メルシ}（ありがとう）は知っている。スージーも、3歳までにはかなりの数の「マイナーな文」を習得した。事実、この年齢になると、Please（お願いします）や Thank you（簡単には Ta。ありがとう），Sorry（ごめんなさい），Pardon（すみません）等を丁寧表現の一環として親は意識させようとする。文字数の少ない小さな単語ではあるが、「マイナーな文」なしでは、会話はうまく運ばないのだ。

閑話休題　その**3**　　最初の現代英文法家

　ジョン・ウォリス（1616-1703）は，ラテン語から切り離された新しい英文法へのアプローチを最初に提唱した，注目に値する人物だ。1660年の英国学士院設立に助力したオックスフォード大学の教授で，数学，暗号学，論理学，神学，音楽，言語学の著書がある。ラテン語で書かれた著書 *Grammatica Linguae Anglicanae*（『英語の文法』）の中で，自身の意図がラテン語文法の伝統からの離脱であることを明確にしている。「それまでの慣習であったラテン語の構造を基にはせず，我々自身の言語【訳注：英語】に特徴的な構造を基にしたまったく新たな手法である」（p.xxvi）と彼は書いている。ラテン語文法が広く通用していたため，その用語を使用しているが，彼のアプローチは疑う余地がないほど明確に，それまでとは違う。

　　現代のほぼすべての言語と同様，英語はギリシア語やラテン語の統語論
　　とは大きく異なっている（主な理由は，英語では格を区別しないからだ）。英
　　語やその他の現代語を記述する時にこのことに気づく者はほとんどいな
　　いので，文法記述の作業が必要以上に複雑になるのだ。

　1972年刊のJ.A.ケンプの編書 *Grammar of the English Language*（『英語の文法』）p.76に，ウォリスの言葉として引用されているこの文章は，20世紀の言語学者が書いたとしても遜色ないものだが，ウォリスの言語学的洞察は300年以上無視され続けていたのだ。

8 文の構築

> ....

　3歳の頃，スージーがさまざまな機能の文を作れるようになるにしたがって，作る文のパターンも増えた。彼女はすでに，文には主要な部分が2つ（主部と述部）あるという基本原則は習得しており，生後18カ月から2歳の間には2章で見たように数多くの二語文を作っていた。また，二語文で単語の順番が変われば意味が変わることも理解していた。例えば，daddy push（ダディが押す）だとdaddyが行為者で，push daddy（ダディを押す）だとdaddyは行為の受け手となる，というように。

　彼女はまた，順番が同じでも，2語が異なる方法でお互いについて言及するということも習得していた。Drink milk（ミルクを飲む）とdrink there（そこで飲む）を例にとると，最初の例では行為と行為の影響を受ける物を表すが，2つ目の例では行為とそれが行われる場所を表すという具合に。このような文は，**文法の第5基本原則「単語が文の中で異なる役割を演じることができる」**を認識しつつあることを示唆する。

　となれば，次に来る段階は明らかで，もっと多くの単語をいろいろ組み合わせてさまざまな役割を割り当てることだ。スージーは，二語文より複雑な，例えばme push daddyをdaddy push meと対比させて，「誰かが何かを誰かにする」といったようなことを言おうとした。「誰かが何かをどこかでする」（mummy go car〔ママが車へ行く〕やdolly sleep bed〔人形がベッドで寝てる〕）と誰かの行為の場所を特定したり，「誰かや何かがある特徴を持つ」（my dress is pretty〔私の服はかわいい〕やmummy is asleep〔ママは寝てる〕）と人や物を描写しようとした。2歳児特有の活発な好奇心で，知りたがり屋さんはあれこれと新鮮な目で観察し，自分の周りのことを質問して回った。結果，彼女はそれを表現する文のパターンを習得することになった。

これは，もう一歩大きな前進である。文には3つの主要な部分があり，それぞれ単語1つずつの場合もあれば語句の場合，すなわち，1文の中で4つ以上の単語を使う場合もある。

dolly	sleep	pram	お人形さんが乳母車の中で寝ている
dolly	sleep	in pram	
my dolly	sleep	pram	私のお人形さんが乳母車の中で寝ている
my dolly	do sleep	in pram	

スージーは，上記の長さの文までは発話することができた。つまり，4章で見た little girl is eating（女の子が食べている）のように，より具体的に小さな見方（3章）を表現しようと3つから4つの単語の文を作っていた彼女が，3，4単語という長さの文を大きな見方（2章）の表現のために使って，もっと冒険的に自分の世界について話すようになったということだ。そして，ここから先，選択肢が多く存在することになるのでより難しくなったが，それでも1年のうちにすべて習得してしまった。

　3歳までには，驚くほどの統語論的進歩を示す，例えば次のような文を使っていた。

I put the ice cream on the table very carefully, Mummy.
テーブルの上にとても注意してアイスクリームを置いたよ，ママ。

この文には5つの主要部分があり，それぞれ異なる意味を表す。

I	行為の行為者
put	行為
the ice cream	行為から直接影響を受けた対象物
on the table	行為が起こった場所
very carefully	行為の行われ方

スージーの言語習得のスピードについていくためには，上に挙げたそれぞれの部分とその意味を説明する手段が必要だ。そもそも，英語の文の組み立て

方を分かりやすく説明するために，全体でいくつのパーツを考慮すればいい
のかも明確にしなければならない。

🔑 キーワード：構成要素と役割 elements and roles

　品詞 'parts of speech' のpartsは紛らわしいので，現代の文法家はunit
（ユニット），constituent（構成素），element（構成要素）等の別の用語を使っ
て文の主要部分を表記する。同様に，meaning（意味）という語が持つ一般
性を避けるために，主要部分の1つ1つが担う文中での役割を，意味上の役
割（semantic role）または主題役割（thematic role）という。私は，**構成要
素**（element）と**意味上の役割**（semantic role）という用語を使うことにする。
　現代言語学が出現して初めて，英語の文構成の全可能性が明確に描写され
るようになったが，結論は驚くべきものだった。構成要素は5つだけ，組み
合わせのパターン数も少ししかないということが明らかになったからだ。構
成要素に名前を付けるのは簡単だったが，意味上の役割を定義づけることは
厄介だった。
　最も一般的な組み合わせは，「誰かが(1)　別の誰かまたは物に対して(2)
何かをする(3)」という概念を表す。文法家は，以前からの主部または主語
（subject〔S〕）と動詞（verb〔V〕）という用語を，(1)と(3)の構成要素とし
て残したが，(2)のために目的部または目的語（object〔O〕）という用語を
18世紀に加えた。したがって，以下のような文は，

　　Chris kicked the ball.　クリスがボールを蹴った。
　　　S　　V　　　O

と分析される。文法家は，それぞれの用語が何を意味するのか説明する必要
性を理解していた。例えば，ラウス主教は主部を**動作主**（the Agent）と説
明しつつも，「おもに言及されるもの」と理解していた。つまり，subjectと
いう現在の用語の意味は踏まえていたことになる。
　英語の文のパターン数は少ないが，1つのパターンで可能な解釈が単純で

はなく複雑だということが，言語学の洞察によって明らかになった。例えば，

Suzie felt happy.　　スージーは幸せだと感じた。
Chris has a cold.　　クリスは風邪をひいている。

のような文では，下線部を「動作主」「行為者」と見なすことはまったく正しくないだろう。別の名称が必要になる。スージーは「幸福」を，クリスは「風邪」を経験しているので，**経験者**（experiencer）と名付ける文法家もいる。文の構成要素が担う役割すべてを分析しようとして，現代英文法ではいくつか新しい用語が使われるのだ。

　動詞も多才だ。何百年も，文法家は動詞を「〜する語」と定義付け，今でも学校ではそのように言われている。しかし，provedやseemのように「〜する」のではない動詞も多くある。これらは，「行為」より「状態」を表現すると言った方がより正確だ。この違いを明確にするために，現代英文法は**状態動詞**（stative またはstate verbs）と**動作動詞**（dynamic またはaction verbs）を区別する。そして，状態動詞が表現するさまざまな意味を，**所有**（Chris has a car.　クリスは車を持っている）や**感情**（Chris loves oranges.　クリスはオレンジが大好きだ），**知覚**（Chris heard a noise.　クリスは不快な音を聞いた），**心的作用**（Chris knows a lot.　クリスは物知りだ），**一般的な存在**や**アイデンティティ**（Chris is a doctor.　クリスは医者だ）等々と分類する。このどれも，kickやeat，goのような「行為」ではない。

　状態動詞の意味が行為動詞の意味とは違うというだけではない。英文法ではこの2種類の動詞は明らかに性質が異なる。行為動詞は，**進行形**（progressive またはcontinuous forms）を作ることができ，

Chris kicks the ball.　── Chris is kicking the ball.
Chris paints pictures.　── Chris is painting pictures.

と言えるが，状態動詞では進行形は使わず，

Chris is having a car.

Chris is seeming fine.

とは言わない。

　同様に，動詞に続いてどの構成要素が来るかも，動詞によって異なる。

Chris called a doctor.

Chris became a doctor.

上記1文目では，クリスと医者は同一人物ではないが，2文目では同一人物である。したがって，1文目のdoctorを目的部とするなら，2文目のdoctorには別の用語が必要となる。19世紀の文法家は，ラテン語complementum（「完結させる」）から，文中の別の構成要素の意味を「完結させる」**補部**または**は補語**（complement〔C〕）という用語を作った。以下の例文はすべて補部を含んでいる。

Chris	became	a doctor.
Chris	is	a doctor.
Chris	is	excited.
S	V	C

　目的部を含む文は，文法的に補部を含む文と異なる。以下の例では，それぞれのペアで，1文目は文法的に可能だが2文目は不可である。

Chris saw two doctors.　　　*Chris became two doctors.

Chris was seen by a doctor.　*Chris was become by a doctor.

　主部，目的部，補部という概念は，動詞が「何か」または「誰か」に影響を与えるその与え方を描写するが，以下の例文中の「どこで」「いつ」「どのように」は説明してくれない。

Chris kicked the ball there.

Chris kicked the ball yesterday.

Chris kicked the ball forcefully.

ラテン語文法家は，これら余分な構成要素を動詞の意味に何かを付け加える
ものと見なしたので，**副詞**（adverb〔A〕）――英語の文字通りの意味は，「動
詞へ向かって」――と呼び，英文法家も最初期からこの用語を使用した。し
たがって，

Chris	kicked	the ball	forcefully.
S	V	O	A

と分析されるが，副詞の分析は予想以上に複雑であった。まず，この用語に
分類される単語は，時間や場所，行為の様態以外にも多くの意味上の役割を
担っている。**頻度**（Chris kicked the ball often. クリスはしばしばボールを蹴っ
た），**程度**（Chris hardly kicked the ball. クリスはほとんどボールを蹴らなかっ
た），**不確かさ**（Chris probably kicked the ball. クリスは多分ボールを蹴った）
等々。中には，動詞だけでなく，文全体に意味を及ぼす副詞もある（Fortunately,
Chris kicked the ball. 幸い，クリスはボールを蹴った）。

　副詞はまた，文の中で自由に動ける。文の中で，主部や動詞，目的部，補
部が占める場所の選択肢は多くはないが，副詞はほぼどこへでも置けそうで
ある。

　Fortunately, Chris kicked the ball.
　Chris fortunately kicked the ball.
　Chris kicked, fortunately, the ball.

だが，副詞の位置の選択肢は一律同等という訳ではなく，どの位置に置くか
で強調する箇所や文体が異なる。としても，副詞ほど多芸多才な文の構成要
素は他にはない。

　副詞のもう1つの特徴は，1文の中で使用できる副詞の数に制限がないこ
とである。今までの例文ではそれぞれ主部，動詞，目的部，補部は1つずつ
しかないが，副詞は好きなだけ付け加えられる。

Chris probably kicked the ball there yesterday forcefully ...

もちろん，それほど単純なことではなく，副詞を繋げようとしたとたん，文としてより自然な副詞の順番というものに気づく。上記の文の副詞が，

Chris kicked the ball forcefully yesterday there.

の順番で使われるのを目にすることも聞くことも，まずない。どの順番が可能か，あるいは微妙か，あるいは不可能なのかを理解することは，研究者にとってやり甲斐のある英文法研究の1つである。

そして，もう1つ。名詞が名詞句に，動詞が動詞句に拡張できるように，副詞も副詞句へと拡張できる。

Chris kicked the ball in the garden. （下線部は前置詞句）
Chris kicked the ball this morning. （下線部は名詞句）
Chris kicked the ball very forcefully. （下線部は副詞句）

上記3例それぞれ下線部の句は品詞的には異なるが，働きは副詞的なものといえるので，副詞的な句をまとめて議論できる用語が必要である。より広範囲な意味を扱うためにadverbial（中世にはadverbの代わりに用いられていた）という用語を使う言語学者もいれば，16世紀から使われているより古い用語adjunctを選ぶ者もいる。上記3例のうち，1番目のin the gardenは前置詞句として，2番目のthis morningは名詞句として，3番目のvery forcefullyは副詞句として，adverbial/adjunct的な働きをすると言えるだろう。

さて，スージーはどの辺りかな？ 3歳の段階で，ときどき間違いはするものの，すべての種類の文を言えるようになっていた。文の構成要素が果たす役割をほとんど理解していたし，文の機能も知っていた。立派に英文法をマスターした！と言いたくなるが，それは間違いで，これから彼女は人生最大の文法的試練に直面することになるのである。

9 おはなしの時間

··

　3歳になるまで，スージーが口にする文はすべて1つの主部＋述部という構造だった。文の要素に主部，動詞，目的部，補部あるいは副詞句の役割を割り当てながら，スージーは10語以上の文を作ることすらできた。おとぎ話を聞いたあとでは，例えば次のような文が口から自然に出てきた。The little girl did see the prince in his beautiful palace.（その小さな女の子は，美しい宮殿の中でその王子様と会いました。）けれど，そこ止まり。主部＋動詞＋目的部＋副詞句という構造は持っている。でもこれでは観察記録だ。物語にはならない。

　3歳の終わりに近づく頃，スージーはand（「そして」，「と」）に出会った。彼女にはまるで魔法のことばのように思えたに違いない。というのも，無限の可能性に扉を開いてくれたからだ。一度andを知ってしまうと，文を作り，そして（and）続けて作り，そして（and）永遠に作り続けられ……そして（and）さらに……。

　ほとんどの子どもと同じように，スージーも最初は短い「小さな見方」のフレーズを連ねるためにandを使った。車はもう clean「きれい」なだけではなくて，nice and clean「きちんとしてて　きれい」になった。電車で出かけるのも Mummy and Daddy「ママとダディ」になった。スージーは車に何を持ち込もうかママに言おうとした時に，andの便利さを実感したようだ。

teddy and my dolly and my monkey and my elephant and ...
（持っていきたいのは）クマさんとお人形さんとおさるさんとぞうさんと……

ママはここでスージーを遮らねばならなかった。車はそこまで大きくなかっ

たし……。

　スージーは、そこから一足飛びに文と文とを繋ぐようになった。最初は、おそるおそるといった体で、記憶をたどりながら。

> Mummy pushed the pram and Daddy pushed the pram
> ママが乳母車を押したの。そしてダディが乳母車を押したわ。

それからもっと大胆に長い文章を、そう、例えば猫について……、

> Katie seed a big bird in the garden and——she runned after it and
> ——and——and the bird went up in a tree and——she climbed——she
> ——she climbed up and it went away ...
> ケイティがお庭で大きな鳥を1羽見たったのね、それから…それのあと
> を追っかけてって、それから、それからその鳥が木の上にあがって、そ
> れから、ケイティは登って、ケイティ…ケイティは登って、それから鳥
> は行っちゃった…

言い淀みも含めて、これが3歳と9カ月の彼女が口にしたそのままの科白だ。言語病理学者が「正常訥弁」と呼ぶ興味深い特徴を示している。一見すると吃っているようだが、そうではない。欲求不満の徴候が必ず伴う子ども（もしくは大人）の吃音とは明らかに異なっている。スージーにとって、確かに自分の心にある長い物語すべてを言葉にするのは難しいのだが、だからといってその困難さをいやがっているわけではない。彼女の話に耳を傾ける大人は待っていればいいだけ。彼女はしっかりと最後まで話をしてくれる。

　ではどうしてすべてを言葉にするのは難しいのだろう？　原因は物語る時の脳の処理プロセスにある。「物を語る」には多方向的処理を必要とする。今この瞬間に話していることに集中しつつ、これまで言ったことを覚えていて、さらにこれから話すべきことを前もって考えておかねばならない。主部＋述部によって構成される情報単体としての塊ごとに考えを口にするのはスージーにとって慣れた作業であったが、今や塊同士を繋げて1編の物語として意味を成す必要が出てきた。初めは、難しい。幼い記憶能力にかなりの負荷

がかかる。そこで塊ごとにことばを止め，次に言うべき事柄を作り上げる。だが，本能的に物語を進行させようとする（子どもは生来の語り部だ）から，急いでandを差し挟んで，聞き手に，まだ続くということを知らせようとする。それからしばし考える……が，もっと考えないといけない場合は，前の言葉を繰り返して時間をかせぐ……。

スージーの場合，訥弁期間は2カ月ほど続いた。子どもによって6カ月続く場合や，わずかな期間，あるいはまったくない場合もある。この時期が過ぎれば，流暢な物語りがやって来る。文法を使って，単に文を作るというより，「語り」はじめるのだ。

🔑 キーワード：節 clause

文を繋げるという行為は，文法家たちにとって新たな問題を生む。Mummy went in a train（ママが電車に乗った）も1文，Daddy went in a train（ダディが電車に乗った）も1文だとして，Mummy went in a train and Daddy went in a train（ママが電車に乗り，それからダディが電車に乗った）もやはり1文だとするのは，いいのだろうか？　2文から成り立つ1文とはこれまた謎の文だ。この問題を避けるため初期の文法家たちは，文の「部分」「部位」「一部」など曖昧な言い方をした挙げ句，ついに**節**（clauses）という用語に行き着いた。

この用語が英語で最初に記録されたのは13世紀のこと。もともと「小さく閉じたもの」という意味のラテン語clausulaから採られ，意味としては「格言，結文などある種の思考の簡潔な表現」を意味したようである。例えば，「主の祈り」は全体として1つの祈りではあるものの，部分部分はHallowed be thy name（御名が崇められますように）などの小さな祈りで成り立っている。ジョンソン博士が*A Dictionary of the English Language*（1755）（『英語辞典』）を編む頃までには，節の使用法はより限定的になっており，『英語辞典』の中では専門的精確さを込めて以下のように定義された。

節：1文。談話の1つの部位。より大きな文の，構文解析を行い得るに
足る下位区分。

19世紀の文法家はさらに一歩進み，ヘンリー・アルフォードの*The Queen's English*（『女王陛下の英語』）が出た1860年代頃までに，独立節として一節だけで文を構成する場合と，より大きな文の一部を構成する場合の両方で，主部＋述部の構成単位の呼び名となっていた。だからスージーの文を構文分析すると，

文

Mummy pushed the pram and Daddy pushed the pram.
節　　　　　　　　　　　節
ママが乳母車を押した，そしてダディも乳母車を押した。

となる。2つの節を繋ぐ語は**接続詞**（conjunction）と理解された──独立した品詞として接続詞が認識されてから，かなりの時間が経っている（6章参照）。

　その後，大きな言語構造のための文法用語は増殖しはじめた。19世紀の他の科学分野でもそうだったが，あらゆるものを分類しカタログ化を行う熱狂主義者（マニア）が現れた。文法家も例外ではなく，このような小さな文や大きな文の呼称を求めた。この先，文法用語の説明に進む前に，もし読者が文法分析の初心者ならば，深呼吸でもして気持ちを落ち着かせてほしい。

　用語の統一にはさらに時間を要した。ほとんどの文法家は，1つの節だけで構成される文を単に**単文**（simple sentence）と呼んだ。だが，2つ以上の節を含む場合，何と呼べばいいのか，誰も確信が持てなかった。ある文法家は複文（complex sentence）と呼びたがり，別の人たちは重文（compound sentence）を好んだ。結局，用語としては両方とも生き残るのだが，意味は別々になった。つまり，接続詞の種類によって区別したのだ。例えば，同じ種類の節を結びつけるandのような接続詞がある。この場合，それぞれの節が分離した文のようにお互いに並び立つ，そこで「同等の地位にある」という意味を持つ**等位**（coordinate）という語を用いて，独立した節同士を結び

つける and，but，either，or などの接続詞は**等位接続詞**（coordinate conjunction，coordinating conjunction，あるいは coordinator）と呼ばれ，また，等位接続詞によって結ばれる節を含む文が**重文**（compound sentence）と呼ばれた。

　一方，after のような接続詞は異なる働きをする。

文

<u>Mummy pushed the pram</u> <u>after Daddy pushed the pram</u>.
　　　　　節　　　　　　　　　　　　　　　　節

　ママはその乳母車を押した，ダディがその乳母車を押したあとで。

ここでは，2つの節の種類は異なっている。最初の節はそれ自体で文章が成立する独立した節である。2番目の節は独立していない。「ダディが乳母車を押したあとで」と言っているからには，意味が通じるためには別の節が必要になる。このような節を**従属節**（subordinate clause，dependent clause）と呼ぶ。この節を導く接続詞は**従位接続詞**（subordinate conjunction）と呼ばれ，英語では簡潔に subordinator と呼ばれることもある。従位接続詞によって結ばれた節を含む文は**複文**（complex sentence）と呼ばれる。が，英語の complex という語はあまりに一般的な語彙であるため，これですべて円満に解決したわけではない。英語の complex sentences とは「複雑な文」という意味だから，従位接続詞を含もうが含むまいが，長い文ならばすべてが複雑な文ではないか？　とはいうものの，結局，複文という呼び名は受け入れられ，今でも一部の英文法学者に使われている。

　文法の研究にはありがちなことだが，1つの問題が解決するとそこから新たな問題が浮上する。複文の1つの節が従属節と呼ばれるのであれば，もう1つの，それ自体で独立している節は何と呼べばよいのであろうか？　**主節**（main clause）というのが19世紀半ばに使われはじめ，すぐに英文法業界での標準的呼び名となった。

　用語を網羅的に作ろうとする姿勢は依然として続いた。文法とはあらゆる文の生成の可能性を記述しなければならない。では，等位節と従属節の両方

を含む文は何と呼べばよいのであろうか？

文

<u>Mummy pushed the pram and Daddy pushed the pram</u> <u>when it was raining.</u>
　　　　　　　　等位節　　　　　　　　　　　　　　従属節

ママがその乳母車を押して，ダディがその乳母車を押した，雨が降っていた時に。

答えは単純だ。最初の節が重文を作り上げ，後の節が複文を作るというのであれば，両者を含む文は**重複文**（compound-complex sentence）となる。多くの人の目にはこれで解決と思われたが，英語の言い回しがくどいので，現代英文法家には**多重文**（multiple sentence）と呼ぶ者もいる。

　ヨーロッパの文法研究の伝統において，節という用語が加わったことは大きな一歩だった。英語でも，近代的な記述のほとんどで大きな役割を担い続けた。だが，それで終わりではなかった。1950年代にノーム・チョムスキーが文法へのアプローチに独自の新しい方法を導入した際，彼は節という語は使わなかった。等位の場合には**等位接続文**（conjoined sentence），他の文の中にもう1つ文が含まれている場合には**埋め込み文**（embedded sentence）と呼んだ。

　節の概念は，英語統語論において，それまで曖昧だと思われたり，まったく無視されてきたもう1つの重大な特徴を文法家が記述するのを助けた。ある従属節は特殊な方法で主節に従属することに文法家は気づいていた。従属節には副詞的な機能を持つものがあった。

Daddy pushed the pram <u>today</u>.
ダディはその乳母車を今日押した。（副詞は語）

Daddy pushed the pram <u>very quickly</u>.
ダディはその乳母車をとても速く押した。（副詞は句）

これを踏まえると，次の1節の文法的解釈が成り立つ。

Daddy pushed the pram <u>when it was raining</u>.
ダディは，雨が降っていた時に，その乳母車を押した。（副詞は節）

ここでは節が副詞として機能しているので，このアプローチを採る文法家はこれらを**副詞節**（adverbial/adverb clause）と呼んだ。

他にも主部，目的部，あるいは補部として機能する従属節があった。それらは名詞と同じ機能を持ったので，**名詞節**（noun/nominal clause）と呼んだ。これによって，次のような場合の解釈の方法が確立した。

<u>Chris</u> made sense.
クリスは，もっともなことを言った。（主部は名詞）

<u>Her comments</u> made sense.
彼女のコメントは，もっともだった。（主部は名詞句）

<u>What she said</u> made sense.
彼女が言ったことは，もっともだった。（主部は名詞節）

また別の例では，

Chris ate <u>sandwiches</u>.
クリスはサンドイッチを食べた。（目的部は名詞）

Chris ate <u>my sandwiches</u>.
クリスは私のサンドイッチを食べた。（目的部は名詞句）

Chris ate <u>what I had bought</u>.
クリスは私が買ってきたものを食べた。（目的部は名詞節）

従属節を導く接続詞と，等位節同士を結びつける接続詞との違いに注意する必要がある。例えばwhenやwhatのような従位接続詞は，その節の意味に欠かすことができないので従属節自体の一部を構成していると解釈される。一方，等位接続詞のandやbutなどは，結びつける節に含まれない。たとえ

接続詞を省略しても，独立した節の意味内容を変えることはないのである。

> Mummy pushed the pram and Daddy pushed the pram.
> ママがその乳母車を押して，そしてダディがその乳母車を押した。

> Mummy pushed the pram; Daddy pushed the pram.
> ママがその乳母車を押して，ダディがその乳母車を押した。

　一方，従位接続詞を省略してしまうと，言いたかった意味がまったく失われてしまう。

> Mummy pushed the pram after Daddy pushed the pram.
> ママはその乳母車を押した，ダディがその乳母車を押したあとで。

> Mummy pushed the pram; Daddy pushed the pram.
> ママはその乳母車を押した。ダディがその乳母車を押した。

　文全体の構造と，文中のそれぞれの節が果たす前後関係や因果関係の役割を把握しなければ，節がどのように用いられているのかが分からない。これが文法理解において最も難しい点で，言語に関して何らかの困難を覚える子どもにとっては大きなハードルなのだ。そのハードルを乗り越えられないために，物語に一貫性を持たせられない子どももいる。言語的困難を持つ成人（脳卒中の後に言語機能を失った人など）にも同種の困難が生じる。単文は大丈夫なのだが，以前持っていた物語り機能は失われてしまう。

　対照的に，スージーの語りの能力にはますます磨きが掛かった。4歳になるまでに，「3びきのこぶた」の再話をもとに，次のようなかなり複雑な物語りができるようになっていた。

> One day they went out to build their houses. One built it of straw, one built it of sticks, and one built it of bricks. And the little busy brother knowed that in the woods there lived a big bad wolf, he need nothing else but to catch little pigs...

ある日のこと，3匹は自分たちの家を建てるために出かけていきました。
　　1匹は藁で建て，1匹は木材で建て，そしてもう1匹はレンガで建てま
　　した。そしてこの忙しく働く下の弟は，森の中に大きな悪い狼が住んで
　　いることを知ってったのです。そいつは何といってもこぶたたちを捕ま
　　える必要があります……

自分が教師で，ここに出てきた英文法を訂正しなければならないとしたら，スー
ジーのknowedやneedは誤りだと判断するだろう。でもそれ以外は，文体
がまだ未熟なことは置いておくとして，ちょうど8章の終わりでみたように，
スージーの英文法学修はひと通り完了した，と結論づけるのではないだろう
か。そして，8章の場合と同じく，ここでもそれは間違いなのである。

10 文を繋げる

・・・

　子どもが5歳になる頃，つまり学校に通い始める頃までに母語の文法学修は完了するものだと，よく言われる。表面上はその通りに思える。4歳の頃のスージーは，9章の終わりで見たように不規則変化をときどき間違えていたが，その1年後になると誤用は姿を消した。スージーはとうとう次のような文を言えるようになったわけだ。

> I'm not scared of ghosts and monsters like Scooby Doo is, cos they're on the telly, and he's got lots of friends to help him.
> スクービー・ドゥみたいにオバケを怖がったりしないよ。だって，オバケはテレビの中にいるし，それに，あの子には自分を助けてくれる友だちがたくさんいるんだもん。

間違いはここには見られない。文法修得は完了した。そのように思えるかも知れない。

　でも，スージーの話し方を注意深く観察すれば，完了などしていないことが分かる。口から発した言葉については文法的な誤りはない。だからまだ修得すべき文法事項が残っているとはスージーは夢にも思っていない。しかし，もし大人がスージーの文を口にする場合を思い浮かべれば，何が足りないのかがすぐ分かる。文と文とを繋げる場合，and（それに）やcos（だって）などに限らず，いろいろな接続詞を大人は用いるものだ。例えば，however（しかしながら），moreover（さらに言えば），unfortunately（残念ながら），nevertheless（にも関わらず），as a matter of fact（実際のところ）などだ。5歳の頃のスージーはこういう接続詞を1つも使っていない。

　その後間もなく，スージーは大人っぽい言葉を使おうとし始めた。寝る前

の読み聞かせで聴いたお話からは，fortunately（幸運にも），unfortunately（不幸にも）を学んだ。6歳児の口からこういう大人びた言葉が出始めるのは，どんな大人にとってもちょっとした驚きだ。児童語の調査をしていた時のことを覚えているが，ある6歳児の教室で，1人が手をあげた。'What is it, Jane?'（どうしたの，ジェーン）と先生が尋ねると，'Actually, I want to go to the toilet.'（実は，わたし，トイレに行きたいんです）という答えが返ってきた。このActually（実は）が気になった。「興味，関心を示すものとしては」あるいは「あなたが恐らく考えていることとは異なるけれど」という意味を示唆するこの表現は，かなり抽象的といえる。この文脈の中では必ずしも正しい使い方とも言えない。だが，私たちは正しい使い方にジェーンが向かい始めた瞬間に立ち会ったのである。そしてスージーも，anyway（ともかく），besides（それに加えて），after that（その後）などの接続表現を使いながら，6歳児としての正しい言葉の運用の試行錯誤をはじめた。

　スージーの就学前の文法の全体的特徴はこれまで述べてきた通りだが，表面的には間違っていない文を口にしつつも，注意深く観察するならば，英文法を完全には理解していないことが分かる。彼女の言葉遣いは大体において合っているが，例えばbecause（〜だから，なぜなら〜）という語を使う際の微妙な違いを理解するにはもう少し時間が必要だった。次のように正しく使う場合もあれば，

You shouldn't throw rocks, because that will break windows.
石を投げてはだめよ。窓を割ってしまうから。

間違う場合もあった。

It's raining because the flowers are growing.
雨が降っているのはお花が育っているからよ。

上のような例から，スージーの文章生成能力，すなわち文法的に正しい文章を生み出す能力が，頭でわかっていることより先を進んでいることは明確だ。スージーが言いたいことは分かる。だが，「原因と結果」について言いたい

ことを言語化するには，まだ少し注意が足りないのだ。学校では，スージーの読み書きの足りない部分，つまり文章把握能力に教師は焦点を当てるのだ。

⚷ キーワード：連結部 connectives

　文とは，コミュニケーションを築く上でのレンガである。だが，レンガは道具であって，レンガそのものが目的ではない。私たちは通常孤立した1文を発することはない。**談話**（discourse）と呼ばれる文の連続体の中でこそ，人間は文を実際に口から発したり文字に書くのである。発話行為では，談話とは会話，対話，独白，講演，説教，放送番組などが含まれる。執筆行為では，談話は書籍，脚本，小冊子，ブログ，広告，新聞記事などを含む。文法とは，単文の意味がきちんと通るようにするだけでなく，談話においても意味がきちんと通るようにするものなのだ。文の中で単語をどのように並べれば問題ないかを規定する規則があるように，談話の中でどのように文を並べれば問題ないかを規定する規則もある。

　この広い観点をほとんど考慮に入れず，古い英文法は1文が成り立つ方法にのみ焦点を当てていた。20世紀の言語学によるアプローチで初めて，文法家は文が連続する時に何が起こっているのかに目を向け始めた。彼らが見つけたのは，文と文との結びつきに意味を持たせる機能を持つ小さな語群だった。学者によって呼び方は異なるが，この機能群は，**連結性**（connectivity），**前後の脈絡**（connection），**結束性**（coherence），**結束構造**（cohesion），**等位**（coordination）などと呼ばれる。学校での文法教育に新しい焦点が当てられるようになった1990年代に，文連結の機能を表す最も広く使われた用語は**連結部**（connective）だった。

　6歳児のジェーンのActuallyを含め，本章でこれまで見てきたのは連結部の1種，主に副詞的連結語句である。次の例に出てくる副詞的連結語は時間的関係を，その下の例では話し手の心的態度を表すことで文と文とを結びつけている。

Mary went to the cinema.　Afterwards, she went to the restaurant.
メアリは映画に行った。その後，レストランに行った。

Mary went to the cinema.　Unfortunately, her friend couldn't go with her.
メアリは映画に行った。残念なことに，彼女の親友は一緒に行けなかった。

afterwards に代わる同等の表現は later（あとで），next（次に），after a while（しばらくして），eventually（結局），subsequently（続けて）など何百と存在する。学校において有効な教育方法は，意味の微妙な違いに注意を向けさせながら，いろいろな代替語句に置き換える練習を重ねることだ。

　代名詞は，文の連結を示すもう1つの方法である。It was climbing up a tree（それは1本の木を登っていた）という文は，it が何を指すか知っていることを前提とする。同じように，Mary found the box in the corner（メアリは部屋の隅でその箱を見つけた）に現れる the も，どの箱を意味しているのか等がわかっているのが前提だ。また，John was the quickest at finishing the puzzle（ジョンはそのパズルを解くのが一番速かった）という1文も，ジョンが誰と比べられているのかが分からないと意味が通じない。

　時に連結部は1語でなく複数の語で現れる。But she did so too?（だけど，彼女もそうしたんでしょ？）という文を誰かが言ったとしよう。この場合，実に4つの方法で，それ以前の文に遡って何を指しているのかを見極めねばならない。but は逆接的前提を，she はある女性の存在を，did so は何かをしたことを，too は同じ行為を，それぞれ仄めかしている。意味を成立させる文脈がそれぞれに必要になってくる。しかも，文が連結する際に意味が通じるように英語が許容する，あるいは許容しない文法規則を知る必要もある。例えば，We didn't so too（私たちもそうしなかった）とは言えないのである【訳注：We didn't do so either と言わねばならない】。

　子どもが会話の中で連結部をすべてマスターするには数年を要する。さら

に，学校に行けば，それを使って書く方法を学ばねばならない。それもごく短期間の間に。問題が起きるのはその時だ。スージーが7歳の時，ある物語を次のように書きはじめた。

> Once upon a time there was a king who lived in a castle with his son. He was very handsome ...
>
> むかしむかし，あるお城にひとりの王様が，その息子といっしょに住んでいました。彼はとてもハンサムで……

書き手の視点からすれば，何も問題はない。スージーは誰がハンサムなのか知っているのだから。けれど読み手の立場からすると，誰がハンサムかは曖昧だ。そこで教師はheを赤丸で囲み，余白にwho?（誰が？）と朱書きした。何が問題なのか分からなかったスージーに，わけを説明しなければならなかったことは忘れられない。「誰がハンサムか分からなかったら，あたしに聞けばいいじゃない！」どうして本の中ではスージーに尋ねることができないかを言ってきかせるため，スージーと私は長い長い話をした。

　物語の続きには次のような一節があった。

> ... he went into the forest and you know what there was a little house ...
>
> ……彼はその森の中に入っていくと，知ってのとおり，いっけんの小さなおうちがありました……

今回は先生の赤ペンでyou know what（知ってのとおり）に打ち消し線が付けられていた。そこでまた議論になった――ここでは，「話し言葉」と「書き言葉」の違いについて話し合われた――。

　スージーは，学校に通い始めて間もなく大切な教えを1つ学んだ。聞いたり話したりしながら学んできた英文法で読んだり書いたりしてもうまくいかないことがある，というものだ。彼女の同級生はみんな運命共同体だった。子どもが学校に通いはじめると真正面から向き合う，未就学の時には経験したことがないほどのハードルが，**文体**（style）という問題なのである。

クマさんはゾウさんを追いかけた？

受動態を理解するゲームに用いた
ぬいぐるみのうちの2人（著者提供）

　いたいけな6歳児が，文法規則の1つをまだ完全に理解する前に，その文法規則をきちんと守っている文を口にすることもある。以下の文章はその実例である。

　ある日，スージーがI was stung by a big wasp（大きなスズメバチに刺された）と泣きながら入ってきた。私は彼女の発した言葉の文法にあまりに驚いて，あやうく抗ヒスタミン剤を塗ってあげるのを忘れるところだった。私はA big wasp stung me（大きなスズメバチがあたしを刺した）という能動文を期待していたのだろう。能動文こそスージーが何年も使ってきた表現で，それ以外を聞いたことはなかった。

　この文ではスージーは受動態と能動態の文法的な区別ができていた。受動態とは，文字通り，主部（この場合はI）が受身──自分に向かって行為がなされること──になる文である。能動態とは，主部（例えばA big wasp）が行為をなすことを表す。両方の文が言いたいことは同じ内容だが，内容の語り方は正反対だ。

　受動態は，英語では，誰が行為者かを言わずに，起きた事実だけを伝える際に役に立つ。科学技術に関する文章では受動態が使われることが多い。受動態はThe mixture was poured into the beaker（その混合物はビーカーの中に注がれた）などの事象を伝えることが可能だからだ。能動態では人間が登

場して，I / we poured the mixture into the beaker（私／私たちはこの混合物をビーカーに注いだ）のように，いささかぎこちない文になる。それでも，I've just had my house painted（我が家の塗装工事をさせたばかりだ）とか Two people have been killed in an accident（事故で2人が死亡した）とか Entry is prohibited（入場禁止）などの表現ならば誰もが使っている。受動態を避けるように勧める人々——ジョージ・オーウェルが有名だが——はこういう表現の存在を，行為者の名を挙げずにある行為について述べたいこともあるという事実を忘れていたのだろう。誰が塗装工事をし，死亡させ，禁止させたのか，知らない場合も多いし，また言いたくない時もある。受動態と能動態の対比については16章で詳しく扱うことにする。

　能動態と受動態では行為の方向性が正反対になるが，言い換える場合に，動詞の形も変わることを子どもはいつ覚えるのだろう？　6歳の時点ではまだ違いに気づいていない。クマさんとゾウさんのぬいぐるみを持ってスージーに「クマさんがゾウさんを追いかけているのを見せて」と言うと，スージーはやってのけた。次に「クマさんがゾウさんに追いかけられているのを見せて」と言うと，もう1度クマさんがゾウさんを追いかける動作を繰り返した。ほとんどの子どもはこの年齢では同じことをする。1年後にはスージーは両者の違いを理解しており，きちんとゾウさんがクマさんを追いかけた。

　スージーは口では I was stung by a big wasp と言えるのに，クマさんとゾウさんでそれができないのはなぜだろう？　思うに，スズメバチと人間の場合と違って，クマさんとゾウさんは互いに追いかけたり，追いかけられたりするからではないだろうか？　スズメバチのケースでは状況を理解したり話したりするのは簡単だ。しかも受動態ならば「大きなスズメバチ（big wasp）」を文末に置くことで強調することができる。ぬいぐるみを使った仮想実験では状況把握はずっと難しかったに違いない。つまり，6歳の時点では，受動文を作る文法を理解していたように見えたものの，その理解はまだ一部に留まっていたことが分かる。

11 文法について語る

．．．．．．．．．．．．．．．．．．．．．．．．．．．．．．

　子どもが学校に通うようになると，ことばに関して2つの行動を始める。
1つは，言葉を多く学び——特に語彙が増え——，もう1つは，ことばについ
て語ることを覚える。ともに大切なことだ。他の技術の場合でもそうだが，
習い覚える技術について他人と語ったり議論したりすることは，学ぶ助けに
なる。

　実のところ，保護者や保育士の間では当然ながらことばに関する話題が頻
繁に出てくるので，言語について語るための語彙は未就学児童本人の耳にも
すでにたくさん入っていた。専門用語には見えないかも知れないが，いずれ
にせよ，言語に関係のある語彙である。未就学の子どもと話す保護者たちの
発言から拾ってきた例をいくつか見てみよう。

　　I can't understand you.　意味が分かんない。

　　That's clever thing to say.　そんな風に言えるなんて賢いわ。

　　That sounds silly.　バカみたいに聞こえるわね。

　　Don't shout.　怒鳴ってはいけませんよ。

　　What's that called?　何て呼ばれているの？

　　I'm going to tell you a story.　ある物語をお話しするね。

　　I'll write your name on it.　あなたのお名前をここに書くね。

　　The wolf had a big gruff voice.

　　その狼は大きながらがら声をしていました。

　　Turn the page.　ページをめくってごらん。

　学校にあがる前に，アルファベットを全部教える保護者もいる。あるいは
1つか2つの字に限るならば，

That's a big O.　大きなオーの文字みたいにまんまるだね。

Lots of Xs.　たくさんのXをあげる［キスのこと］。

That's M for Mateo.　マテオくんの頭文字のエムよ。

だが，文法用語となると，**語**（word）と，たまに**文**（sentence）以外はほとんど聞いたことはなかった。

キーワード：メタ言語 metalanguage

英語に**メタ言語**（metalanguage）なる用語が入ってきたのは1930年代。論理学者や言語学者が「言語について語るための言語」として主に用いていたため，「言語学の専門用語」をひとまとめに呼ぶのに転用された。ついには，論理学や言語学外の人々にまでその使い道は広がり，特に学校で言語を教える際，1990年代には**メタ言語的意識**（metalinguistic awareness）なるものがあちこちで口にされた——イギリスでは，英語教育に強い影響力を及ぼした政府報告書の中で用いられたからだ。その報告書の内容は，言語能力の発達に遅れを示す子どもが，自分が聞いたり話したり，読んだり書いたりする際に，自分のやっていることを一歩引いた視点から顧ると，それまで遅れていた発達が大きく進展することが見られる，というものだった

だが一口に言語について語ると言っても，何をどのように語ればいいのかを把握するには長い時間がかかり——とりわけ文法との関連で，専門用語が多種多様なため——30年経った今でも議論は続いている。けれども，メタ言語という概念は原則的には一般に受け入れられ，英語教育分野の調査や研究の中で，言語について語ることと言語発達との関連は繰り返し報告された。子どもの英語使用の発達と，英語について語る能力とは強い相関性があるように思われたのだ。

なぜ相関性があるのか，その理由は明らかではない。どちらがどちらに影響を与えているのだろう？　言語学習に良好な発達を見せている子どもは，言語学的用語をすぐに把握できるということだろうか？　それとも逆に，言

語学的用語を教わった子どもは，自分の聞き話す能力や読み書く能力を伸ばし易いということなのだろうか？　あるいは2つの要因は何らかの相互作用をもたらしているのだろうか？

　メタ言語の用語を学ぶのは，ある程度は自然な過程だろう。name（名前）とかsay（言う）などの単語は保護者と子どもの通常の会話の一部だ。当然，子どもの発話の中にそういう単語はかなり早くから見られるだろう。そして実際の観察からも「名前」や「言う」という語彙は確認できている。

　1980年代に，レディング大学の研究者ブライディ・レイバンは96人の5歳児の話し言葉の語彙調査を行った。子どもが家で自然に話すことばを録音したのである。収録話数は21,000件以上に及び，総語数は4,000語弱に達した。言語に関連する語彙も含まれていた。answer, ask, book, call, letter, mean, name, page, question, read, say, shout, shush, sing, sound, story, talk, tell, understand, word, writeといった，主に話す行為や幼児の本に出てくる一般的な語彙だった。子どもは，What does it say?（それは何て言ってるの？），Read me a story.（おはなし読んで），What does factory mean?（ファクトリーってどういう意味？）といった発言をしていた。すでにメタ言語の歩みをはじめていたのである。

　その一方で，子どもの語彙には文法用語の兆しはほとんど見られない。文法書に載っている用語としてはword, question, answerぐらいである。しかし，5歳児でも専門用語や抽象的な用語を扱え，レイバンの記録によれば，apparatus（用具），emergency（緊急），microphone（マイク），programme（プログラム），spacesuit（宇宙服）というような語彙も見られる。子どもの語彙の持つ複雑さや豊かさは常に過小評価されてきた。もっとも，家庭の会話で文法的なメタ言語にスポットライトが当たることはなさそうだ。

12 我慢ならない

···

　子どもたちが小学校に入学する時，話し言葉の文法的能力は十分発達して
いるが，文法をメタ言語的に論じることを知っているかというと，それはほ
ぼない。このことは9章で見た発達例と11章で論じた保護者と子どもの言
語使用の報告から導き出される結論だ。これは大きな溝であり，過去250
年間，教師たちと教科書執筆者たちはどうやってこの溝を埋めようかと考え
てきた。

　もっとも，この大きな溝は18世紀当時の文法家と教師にとっては問題に
もならなかった。彼らの仕事は，教科書の中に提示されている英語を子ども
に教えることであり，その教科書は皆，権威あるラテン語をモデルとしてい
た。18世紀後半には，ラウス主教の*Introduction to English Grammar*（1762）
（『英文法入門』）という手本となるべき入門書があり，イギリスでもアメリカ
でもあらゆる学校が，ラウスの著書を基にしたリンドリー・マリーの
English Grammar（1795）（『英文法』）をその世紀の終わりから使っていた。

　マリーの著書の影響は大きく，19世紀を超えて20世紀に入っても多くの
派生的文法書を生みだした。だが同時に，子どもに英文法を教える最初の手
法としては一番良いものではないのではないか，という不安も高まっていた。
ラテン語に基づいた文法の学習は「必要以上に文法学習を複雑にしてしまう」
というジョン・ウォリスの警告（本書p.46）に耳を傾けるべきという声がと
きどき聞こえてくるようになったからだ。その声の1つが随筆家ウィリアム・
ハズリットによるもので，彼は1829年に痛烈な批判を行っている。その一
部を挙げると，

　　case（①事例　②容器）という名詞を例に取ってみよう。ラテン語の屈

折に倣って，主格 a case，属格 of a case，与格 to a case，対格 a case，呼格 o case，奪格 from a case と習うが，英語の場合，単語の形そのものには変化がない。にも関わらず，多くの教育者がへとへとに疲れ果てるまでそういうものだと教室で力説し，違いはなくても区別はあるのがなぜ分からないと腹立ち困惑して眠れぬ夜を過ごすのだ。

　ラテン語に倣う分析手法だけが問題ではなかった。例として提示される英語そのものにも問題があった。つまり，ジョンソン博士が自らが編纂した『英語辞典』の序文で，「汚れなき英語の泉」と讃えた最良とされる作家たちの文章が，文法説明の用例として用いられたのだ。もちろん，そのこと自体に問題はないが，英文法の用法を解説しようとする場合，たいてい，そのような作家たちの英文は複雑で長かった。

> The sun that rolls over our heads, the food that we receive, the rest that we enjoy, daily *admonish* us of a superior and superintending Power.
>
> 我らの頭上を過ぎゆく太陽と，我らが受け取る糧と，その他我らが享受するものが，卓越し司る神の御業に日々気づかせる。

文法的には問題ない。だが，接続詞で繋がれてさえいない複数の単数名詞がいくつか続いたあとで，それらを主語として複数形の動詞で受けている例は初心者には複雑過ぎる。より簡単に，例えば The boy and the girl are in the garden.（男の子と女の子が庭にいます）という英文を用いて，動詞は is ではなく are だと説明すれば済むことなのに，より複雑な例でより分かり難くしている。文法学習の最初に遭遇する文がこれでは，やる気をくじかれる。

　英文法を学習する者は，最終的には，最良の作家たちの英文と向き合い，英語が達成し得る表現の素晴らしさを体験する必要がある。だが，英文法を初めて学習する段階では必要ない。必要とされるのは，学習者の興味と関心に焦点を合わせたアプローチの仕方で，話し言葉と書き言葉両方の文法を分析し，話し言葉と書き言葉の相互関連を理解できる例文を使用することだ。

いずれにせよ，作為的ではなく，実際の言語使用を反映する現実的な例文でなければならない。実際に使用される言語の文法を理解できることにこそ，英文法学習の素晴らしさがある。この素晴らしさは16章でも見ることにする。

キーワード：規範的 prescriptive

規範的（prescriptive）という用語は，1930年代の言語学者が18世紀文法家のアプローチを特徴づけるために導入した用語だ。18世紀文法家のアプローチは，19世紀後半のヴィクトリア朝時代に，より多くの文法書の出版を促し，20世紀半ばに至るまで学校現場での英文法教育に支配的な影響を及ぼした。この規範的という用語は，18世紀文法家がラテン語を基に英文法を記述したことや堅苦しい書き言葉ばかりを扱ったことを指すのではなく，人々が日常生活でどのように話し書くべきかを統制するために文法を記述した18世紀文法家のアプローチを表す。

規範文法（prescriptive grammar）とは，英語で表現する時に従わなければならない規則を定めたものだ。もしその規則が，実際の英語の用法に基づくものなら問題ない。私が英語を外国語として教えていて，名詞の前には必要に応じて定冠詞や不定冠詞を付けないといけないと生徒たちを指導すれば，私は規範的といえるが，実際それが英語の話者も書き手も従う正真正銘の規則なので，特に問題にならない。18世紀以来，そして今日においても，人々を困惑させるのは，マリーやその他の文法家によって規定された規範が，実際の英語の用法において正真正銘の規則ではないということだ。実際の英語の用法とほとんど関係のない方法で話し書くように人々は指導されてきている。

「すべきこと」の規範条項と「してはならないこと」の禁止条項の中には，非現実過ぎて，200年近く風刺作家や注釈者の注目を集めてきたものがある。イントロダクションで挙げた例文 This is the man I was talking to. に対する「前置詞で文を終わらないこと」も有名な禁止事項である。これは，詩人ジョン・ドライデンが最初に言い出したことのようだ。前置詞で文が終わる

と韻律的に弱くなり，ラテン語を範とした文体的優美さから逸脱するし，前置詞は「前に」置かれるから前置詞と言うのだと，彼は主張した。文法家はこの主張を取り上げて発展させた。ロバート・ラウスに言わせると，

> これは，我々の言語（＝英語）に強くその傾向がある慣用表現である。日常会話でも使用され，書き言葉においても適している。だがそれ以上に，関係詞の前に前置詞を置くことは，より明晰であると同時により優美であり，厳粛で高尚な文体により適している。

彼の主張の「強くその傾向がある慣用表現である」と「厳粛で高尚な文体により適している」の部分には言語学者は同意するだろう。前置詞で終わっても終わらなくても，その構文の違いは形式の違いでしかない。This is the man I was talking to. のほうが This is the man to whom I was talking. と比べてよりくだけている。もし文法家が，この違いを認識してそれぞれにふさわしい状況——くだけた状況かきちんとした状況か——でそれぞれを使用するように推奨していれば，以後の膨大な議論は必要なかっただろう。ウィンストン・チャーチルが，文を前置詞で終わらせるのを回避しようとした文章について，"the sort of English up with which I will not put"（「我慢ならないぶざまな英文だ」）と，かの有名な発言をすることもなかっただろう。

　しかし，規範文法家はふさわしい状況を区別することをしなかった。彼らは多様性を認めず糾弾した。ラウスもその後のマリーも，文は前置詞やその他の不適切な単語で終わるべからずとし，文語体文体以外の例外を認めなかった。たとえ，（偉大な作家たちの代表として）シェイクスピアが両方の構文を使っていたとしても。ラウスが悪い用法として挙げた例には，Who servest thou under?（誰に仕えているのか？）（『ヘンリー5世』）や Who do you speak to?（誰に話しかけているの？）（『お気に召すまま』）のようなシェイクスピアの作品からのものもあったが。シェイクスピアは間違っても良いかもしれないが（偉大な作家なので誰も文句を言わない），我々下々の者は，文法家の規範条項に従う以外に望みはない。

　今日，規範文法家の主張に同調する人はほとんどいないだろうが，18世

紀には，イギリス社会のエリート階級の一員としての明白なアイデンティティ
を維持したい，あるいは一員になりたいと思う人々には，規範文法家の主張
は広く受け入れられていた。「上品な」社会の一員になるには，上流階級出
身で育ちの良さを示す礼儀作法を身につけ守ることが必要だった。立ち振る
舞いすべてが重視されたが，中でも大事だったのが洗練された美しく正しい
英語を使うことだったのだ。そして，何が正しい英語なのかを決めるのは誰
かというと，当時は，文法や辞書，発音教本を執筆する人たちがそれを決め
ると認められていたのである。

　言語について執筆した人たちに対する当時の世間の尊敬の念を十分に理解
するのは，今日では難しい。私たちに分かることは，規範文法は純粋に言語
的な考察以上のものを反映しているということだ。規範文法は，ある種の世
界観を構成する信条や態度，好みの影響を受けている。なぜ，前置詞を文中
に置く方が好ましいのか。ラウスはそのほうがより明晰だからだと言うが，
その主張は間違いだ。前置詞が文中に来ても文末に来ても，意味はまったく
同じで明解さも変わらない。本当の理由は，そのほうが「より優美だ」と彼
が考えたからであり，これは文法をヘアスタイルや服装と同様，個人的な美
的嗜好と同列に置いているだけだ。

　かなり早くから批判されていたにも関わらず，規範文法の弱点が広く認知
され別の研究手法が発達するのに1世紀以上かかった。その理由は，規範文
法の議論が最初に説得力を持って人々を納得させたからだ。ある構文が，別
の構文よりも明解で的確で上品で自然であると言われれば，誰もが明解で的
確に表現したがった。また，規範文法がプラスアルファの明解さや正確さを
与えてくれる訳ではないと教育者の眼が覚めるのには時間がかかった。反対
に，規範文法の自意識過剰な不格好さのせいで，意味を摑むのがより難しく
なり，明解さや正確さを逆に失うことがある。英語の自然なリズムを無視し
たり文脈を無視したりして，言語理解の助けどころか妨げになったのだ。

　確かに，ある構文のほうが別の構文よりも理解し易いということはあり，
理解し易くするための文法も存在する。それが，20世紀に新しい言語科学
の一部として発達した文法の新しい研究手法の成果だ。

13 明解さと重さ

………………………………………………

　心理言語学のおかげで，20世紀後半から，文章を明解にするために文法が果たす役割が言語学において徐々に理解されるようになった。心理言語学者は，言語と心的属性（例えば注意や記憶，知性）の関係性を探るが，その関係性の中には明解さと曖昧さといった概念も含まれている。子どもの言語習得の方法の研究（発達心理言語学）と，自らが発信する言語を認知する心理プロセスの研究と，どちらも心理言語学の一分野だ。

　この2つの分野のうち，心理プロセスの研究は，大きな記述文法のアプローチを補完し，文が形成される基本的システムを記述しようとした。大まかに言えば，文が長くなればなるほど理解する作業が大変になり，文の明解さがより必要とされる，ということだ。伝統文法はしばしば，個々の単語のレベルで明解さという概念を論じた。例えば，onlyはそれが修飾する単語の隣になければならず（We saw only one performance.〔私たちは演目を1つだけ見た〕であって，We only saw ...ではない），noneの後には動詞の単数形が来るべき（None of the books is expensive.〔どの本も高くない〕であって，... are expensiveではない），というように。実際は，どちらを使おうとも，意味が曖昧になることはほとんどない。we wasかwe wereかの選択には明解さは関係なく，どちらも同等に意味は分かるが，we wereは標準的でwe wasは非標準的なだけだ。同様に，whoかwhomか，different fromかdifferent toか等，その他文法純粋主義者が口煩く言っていたことも，明解さとは関係がない。明解さに作用する本当の要因は別のところにある。

⚷ キーワード：重さ weight

　以下の2文を声に出してみよう。どちらのほうが，より自然で理解し易いだろうか。

- It was nice of John and Mary to come and visit us the other day.
- For John and Mary to come and visit us the other day was nice.
  ジョンとメアリーが先日私たちを尋ねてくれたのは良かった。

私自身，何度も試してみたことがあるが，2文目を選ぶ人には出会ったことがない。理由は，「変だ」「ぎこちない」「was niceで文が終わるのは唐突感がある」「必要な情報が全部最初にあると意味が取れない」そして，「1文目のほうがより明解だ」。

　では，もう1つ例を。以下の2文のうち，どちらがより自然に聞こえるか。

- The trouble began suddenly on the thirty-first of October 1998.
- The trouble began on the thirty-first of October 1998 suddenly.
  そのトラブルは，1998年10月31日に突然発生した。

ここでも，1文目がより分かり易いと判断される。2文目の例は，文法上の間違いはどこにもないし，小説ではお目にかかるだろうが，好む人はほとんどいないし，訂正する先生もいるだろう。

　この2つの例から分かることは，長さ，または**重さ**（weight）の重要性である。最初の例では，英語話者は文中の「より重い」要素を文頭より文末のほうへ置くことを，2番目の例からは，時間を表す副詞句はより短い方を先に言うことを好むことが分かる。どちらの例も，**文末を重くする**（end-weight）原則を表す。この原則は，規範文法家も認識していた。リンドリー・マリーの文法書の補遺には，彼が文の「強さ」と呼ぶ「明解さ」を促進する原則をいくつも挙げている。その4番目が「文が2つの要素で構成される場合，一般的に長い方で文を終わるべき」である。

　子どもは，3歳初めでこの原則を習得する。スージーは，red carという

語句をすでに知っていて，2歳の時にはより大きな文の中でこれを使っていた（4章参照）。だが，see red car と発話する方が，red car gone と発話するより，断然早かったのだ。文法的に言うと，彼女は主部より目的部を先に長くした，ということになる。

大人でも，会話においては主部を短く，新情報は動詞の後に持ってくる。日常会話で使用する節の4分の3は，代名詞のみ，または非常に短い名詞句で始まる。

<u>I</u> know what you're thinking.
私はあなたが何を考えているか知っている。

<u>We</u> went to the show by taxi.
私たちは，タクシーでそのショーに行った。

<u>The rain</u> was coming down in buckets.
雨がバケツをひっくり返したように降ってきた。

発話がより文語的になり主題がより複雑になると，初めて長い主部に遭遇する。

<u>All the critical remarks that have been made about his conduct</u> amount to very little.
彼の行いについてなされたすべての批判は，ほとんど些細なものだ。

このような文を解釈しようとすると，記憶力により負担がかかると私たちは感じる。上記下線部の11個の単語を記憶してからでないと，発話者または書き手がそれが何だと言おうとしているのか解釈できない。

長い主部というのは，以下の例のように書き言葉では一般的である。

<u>The products of the decomposition of diaryl peroxides in various solvents</u> have been extremely studied by Smith (1992).
さまざまな溶剤の中の過酸化ジアリール分解生成物は，スミス（1992

年論文）によって大いに研究されている。

　特に難しい言葉や概念を含むとても長い主語は，私たちの記憶能力に多大な負担をかけるので，次の1960年代の税金還付手続の文書のように，読み返す必要が生じる。

> Particulars of the date of sale and sale price of a car used only for the purposes of your office or employment (or the date of cessation of use and open market price of that date) should be furnished on a separate sheet.
> 貴社またはその雇用者の目的のためのみに使用された車の売却日および売却価格の詳細（または使用中止日とその日付における市場販売価格）は，別途用紙により提出のこと。

これは，「やさしい英語を使おう運動」（Plain English Campaign）では容認できない類いの文である。実際，この運動のおかげで，税の還付申告やその他の公文書の英語が最近かなり変わってきた。

　話し言葉の場合，もし主部が長くなりすぎると，最終的に文がどのように帰結するのか分からない上に情報を保持できず，聞き手のフラストレーションは溜まっていく。

> My supporters in the party, who have been behind me from the very outset of this campaign, and who know very well that country is also behind me, ...
> 党内における私の支持者は，彼らはこのキャンペーンの当初から私を支持してくれており，また国が私を支持していることもよく理解しているのだが，……

動詞はどこだ？　書き言葉でも，動詞がない！という問題が発生する。例えば，テレビの画面に，以下のニュースの文面がゆっくりとスクロールして現れたら，

The writer and broadcaster John Jones, author of the best-selling series of children's books on elephants, and well-known presenter of natural history programmes on BBC2, ...

作家でありキャスターのジョン・ジョーンズ，彼は象に関する児童書の
ベストセラーシリーズの作家で，BBC2の自然史に関するテレビ番組の
有名なプレゼンターで，……

……（この人物）が，受賞した？　亡くなった？　レアル・マドリードに移
籍した？　以前，あまりにもニュースの文面が長かったので，文が最後まで
提示されてその人物の死亡を伝えた時，結局その人物の名前を忘れてしまっ
ていたという経験が私にはある。

　子どもが本を読み始める初期の段階では，長い主部が使われていると分か
り難くなる。早く動詞にたどり着けば着くほど，子どもにはその文の意味が
理解し易くなる。したがって，次のような文はたちまち情報処理上の問題を
発生させてしまう。

A big red jug full of warm milk was on the table.
温かいミルクが入った大きな赤い容器がテーブルの上にありました。

文全体の意味をつかむまでに8個の単語を記憶するよりも，「文末に重きを
置く原則」によって，

On the table was a big red jug full of warm milk.
テーブルの上に，温かいミルクの入った大きな赤い容器がありました。

という文を読むほうが，子どもにとっては簡単だ。なので，子どもの本，少
なくとも初期の段階の子ども向けの本の作家は，可能な限り長い主部を避け
るべきだ。子どもが，長い主部を長いと判断し，それを避けて文章を書ける
ようになったら，その子どもはきちんと評価されるべきだ。しかし，「文末
に重きを置く原則」を修得して書かれた文章をきちんと評価するカリキュラ
ム教材を，私は見かけたことがない。

　この「文末に重きを置く原則」は，文法に対する記述的アプローチが明らかにしたいくつかの文法原則の1つだ。次の章では，もう1つ別の原則を紹介する。これら2つの原則は，言語の明解さを決定づける要因であり，教材の中で重要な位置を与えられてしかるべきだ。しかし残念ながら，「文末に重きを置く原則」を文法授業の一環としている先生方が，いったい何人いるだろうか。記述文法の概説書に記載はあるものの，文法教育の現場で導入されていない「文法の知識」の重要な分野が，まだいくつも残されていると私は危ぶんでいる。

「やさしい英語を使おう運動」（Plain English Campaign: PEC）のウェブサイトには，悪文を文意が通るように書き直した英文例「ビフォア・アフター」がある。以下の例で，長い主部が文全体の理解をいかに困難にするか見てみよう。3つある節のそれぞれの主部を下線にしてある。

> <u>Your enquiry about the use of the entrance area at the library for the purpose of displaying posters and leaflets about Welfare and Supplementary Benefit rights</u>, gives rise to the question of the provenance and authoritativeness of the material to be displayed. <u>Posters and leaflets issued by the Central Office of Information, the Department of Health and Social Security and other authoritative bodies</u> are usually displayed in libraries, but <u>items of a disputatious or polemic kind, whilst not necessarily excluded,</u> are considered individually.

最初の文では，筆者は主部が長すぎると感じ，主部が終わる区切りのところでコンマを挿入して，読み解きやすくしようとしているようだが，普通，現代英語の用法では主部と述部の間へのコンマの挿入は認められない。

「やさしい英語を使おう運動」版では，詳細を削って本題へと入る。

> Thank you for your letter asking for permission to put up posters in the library. Before we can give you an answer we will need to see a copy of the posters to make sure they won't offend anyone.

図書館にポスターを掲示したいというお問い合わせをありがとうございます。回答を差し上げる前に，見た人が不快にならないかどうか，ポスターのコピーで確認する必要があります。

しかし，もし上記の書き換えが過激すぎると考え，すべての語彙を残したいと思うなら，統語的な重さを再分配すれば文全体の意味はたちまち明解になる。もう一度，例を見てみよう。主部は下線部だ。

We have received your enquiry about the use of the entrance area at the library for the purpose of displaying posters and leaflets about Welfare and Supplementary Benefit rights. This gives rise to the question of the provenance and authoritativeness of the material to be displayed. We do usually display in libraries posters and leaflets issued by the Central Office of Information, the Department of Health and Social Security and other authoritative bodies, but we consider individually items of a disputatious or polemic kind, whilst not necessarily excluding them.

生活保護・補足給付の権利に関するポスターとチラシを掲示する目的で図書館入口ロビーを利用したい旨の問い合わせを受け取りました。この場合，掲示予定物の出所および正当性を吟味する必要が生じます。図書館では通常，中央情報局や保健・社会保障省，その他の政府機関によって発行されたポスターやチラシを掲示していますが，それ以外の，議論の対象となっていることや問題視されていることを扱うポスター等も個別に検討し，排除するものではありません。

「クリスタルマーク」は，文書の明解さを保証するPECのマークだ。2016年時点で，21,000以上の文書が認定され，それぞれにID番号がついている。なお，このマークの名前と私の姓が同じなのは，まったくの偶然だ。

14 明解さと順序

　あるものを利用すべきか否かとの問いかけに，例えば規範主義は悪い，記述主義は良いなどのように，すべてを白黒二分法で答えを出そうとするのは危険だ。

　実際，前章のリンドリー・マリーからの引用で見たように，文体に関しては，規範主義的伝統も良い言語感覚を広く示したにも関わらず，不要な文法規則を始終繰り返してきたために悪名を着せられた。事実，マリーの書物の追補に収録されていた明解に表現する方法の多くが，言葉遣いは多少変えられているものの，ほとんどの文法書に今でも採用されている。

　マリーの規則の中で，文の持つ力強さを保持するための規則に次のものがある。

　　繋合詞，関係詞，また話題転換や文の接続の機能を持つすべての小辞の用法に，特に注意を払うべし。

マリーはこの規則を次のように解説する。

　　but, and, or, which, whose, where, then, therefore, because などの小さな語は，あらゆる語彙の中でしばしば最も重要なものである。なぜなら，すべての文の方向性を決定づけながら，文と文とを結び，接合させるものだから。

さらに，一貫した文を作るためのマリーの規則に次のようなものがある。

　　2，3の文に分けられる，ほとんど接合性のない内容を1つの文に詰め込んではならない。

例えば，

> Archbishop Tillotson died in this year.　He was exceedingly beloved by king William and queen Mary, who nominated Dr. Tennison, bishop of Lincoln, to succeed him.
>
> ティルロットソン大主教が今年亡くなった。彼はウィリアム王とメアリー王妃に非常に愛されたが，御二人は，彼の後継者としてリンカーン主教テニソン博士を任命した。

という文章についてマリーは，

> 前半に続いて後半がこのような内容になるとは，誰が予測できたろう？「ティルロットソン大主教は……ウィリアム王とメアリー王妃に非常に愛された」——これがこの文章の主題である。読者はその言葉が証明されるのを期待するし，少なくとも何か関連することが続くだろうと待ち受ける。しかし，突然，主題が転換したことで，困惑させられる。

とコメントするが，自分たちの生徒が書く次のような文章と普段から向き合っている英語教師はすぐに同意するだろう。

> We spent the last day on the beach, where we bought ice cream and Daddy missed the train.
>
> 私たちは最後の日をその浜辺で過ごし，そこで私たちはアイスクリームを買い，ダディは電車に乗り遅れた。

文法的に規則違反がないこのような文章に出くわすたびに，教師はどうしたらよいか途方に暮れてしまう。これ自体は完璧な重複文だ（本書p.59）。だが，文は意味が一貫していなければならない，という前提に照らすならば，明らかにこの作文の論理はどこか間違っている。意味に焦点を当てさえすれば，この間違いは正される。次章で見る通り，文法は意味とは不可分のものだから。

⚷ キーワード：陳述の順序 order

　文の中でどのような順番で言葉が結びつけば意味が明確になるかならないか，マリーは大きな関心を抱いていた。結びつき，すなわち連結性に注目することは，今では文法に関する大きなテーマになっている。10章で見たように，子どもの言語習得の過程でも連結性は言語発達における重要な課題である。

　今一度まとめてみよう。子どもは3歳になる頃，発見したばかりの and（それから）という魔法の接続詞を使いながら文と文とを結びつけて物語を話し始める。3歳児の作る重文を詳しく見てみると，最も単純な方法で物語は語られる。

　　A happened and then B happened and then C happened ...
　　Aが起きて，それからBが起きて，それからCが起きて…

出来事が起きた順序と，その出来事を叙述する節の順序は見事に結びついている。最初に語られることが最初に起きたこと。2番目に語られることは2番目に起きたこと，と言った具合だ。

　節の順序と出来事の叙述の順序の関係は**陳述の順序**（order-of-mention）と呼ばれる。基本は3歳児が語る順序で，一度修得すれば，人はこの基本原則を忘れることはない。現代英語語法調査【訳注：1959年以来ロンドン大学で行われている語法の実地調査】時に記録された，運転中のある不幸な事故に関する会話が示すように，物語る方法として最も一般的なのは，陳述の順序による叙述だ（スラッシュ記号は，そこでイントネーションが下がることを示している）。

　　so she came out / very gingerly / and opened the door / and sat in
　　the car / and began to back / very very gently / and as she backed
　　/ there was an unpleasant crunching sound / and she slapped on
　　the brakes / and looked around frantically ...

そこで彼女は建物を出た／とても慎重にね／それからドアを開けて／運転席に座ったんだ／そしてバックをはじめた／それはそれはゆっくりと／そしてバックさせていると／ザリザリとイヤな音が鳴った／そこで彼女は慌ててブレーキを踏んだんだ／急いで周りを見回すと……

連結させる語彙はそれぞれ違うかも知れないが，話の筋は同じ方向だ。最初に出て，次にドアを開け，乗り込む……

　もしあらゆる物語がすべてこのようなものだったら，人生はすっかり退屈なものになっているだろう。そこで文法は，接続詞や副詞やそのほかの言葉を使って，人間に陳述の順序に変化を与えることを許した。次の2つの例文を見てみよう。

Before the customers left the shop the security staff arrived.
お客様がみんな店を出る前に，警備会社のスタッフが到着した。

The security staff arrived after the customers left the shop.
警備会社のスタッフが到着した，お客様がみんな店を出たあとに。

接続詞beforeやafterが使われ，陳述の順序と出来事の順番は逆さまになっている。副詞のなかにも同様の働きをするものがある（しばしば，動詞の時制も時間の変化を示す）。

The customers left the shop.　The security staff had already arrived.
お客様はみんな店を出た。警備会社のスタッフはすでに到着していた。

The customers left the shop.　Some minutes earlier, the security staff had arrived.
お客様はみんな店を出た。その数分前に，警備会社のスタッフは到着していた。

書き手や話し手が利用できる語りの手法がぐっと増えたわけだ。幼い子ども

にとってもそうで，例えばスージーは，陳述の順序を操って，3歳半になるまでに次のような文が言えるようになっていた。

I give teddy a drink after I give him a wash.
ミルクを飲ませるよ。お風呂にテディを入れる後で。

教師の中にも同じような言い方をする人がいる。スージーが学校に通い始めた時に耳にした教師からの指示は，陳述の順序が逆になったものが多かった。

Now, before you go out to play, I want you to put your books away.
さあ，遊びに行く前に，ご本を片づけてしまいましょうね。

先生の言うことをきちんと聞かなかったり，before（前に）という語の表す順序の意味がよくわからない子どもが，まっさきに遊びに行くことも珍しくなかった。ある種の文法障害（読み書き障害等）を持つ子どもにとってはごく普通の問題行動である。and のように陳述の順序が一方向であれば理解に支障はないのだが，before を伴う構造は解析が難しいし，after を伴う文構造は極めて難解だ。次の例文を比べてみよう。

Put your books away and (then) go out to play.
本を片づけて，それから遊びに行こう。

Before you go out to play, put your books away.
遊びに行く前に，本を片づけよう。

Go out to play after you put your books away.
遊びに行こう，本を片づけた後にね。

同じ内容でも表現が変わると理解が阻害されてしまうとは，由々しき問題だ。結びついている節が冗長だったり，より注意を引く情報が含まれていると，文全体の理解は阻害されやすくなる。次の文章は初等教育の歴史教科書からの一節だ。

In 1666 there was a great fire in London. The year before there
had been a great plague. The fire destroyed the plague.
1666年にロンドンで大火事があった。その前の年に疫病が大流行した。
大火事によって疫病は姿を消した。

教師はこの部分を読み上げたあと，生徒に向かって何が起きたのか説明しな
さいと言った。沈黙。「最初に起きた出来事は何でしたか？」と教師が促すと，
生徒の1人が手を挙げた。「火事がありました」「それで，その次に何があり
ましたか？」と先生。「疫病がありました」と生徒。「でも」と教師が続ける
「もし疫病があったのが，火事の後ならば，どうして火事によって疫病は姿
を消したの？」再び沈黙。するとまた挙手があった。「もう1回火事があっ
たに違いありません」

the year before（その前の年に）という句は時間を前に戻すはずだが，聞
き逃したか理解されなかったことは明らかだ。この年齢の子どもたちのため
に，著者はもっと理解し易い文章を書くべきではなかったか？　次のような
基本的な陳述の順序だったならばもっと理解できたはずだ。

1665年にロンドンで疫病が大流行した。その翌年，大火事があった。
その大火事によって疫病は姿を消した。

だが，歴史教科書の執筆者はこう言うかも知れない。「もし1冊まるごとこ
んな機械的な記述にしたら，退屈じゃないか？」と。また教師も次のような
議論を持ちかけるかもしれない。「文法的により難しい文章に触れる方が，
生徒たちにとって良いでしょう。学習とはそういうものはないでしょうか？」

文の明解さを考察するならば，受け手の理解力を問う問題にすり替わる危
険性には気をつけねばならない。例えば科学者が学術雑誌に書く内容は，同
業者には明らかでも門外漢には明解とは言えない。このことから，読み手の
言語発達を無視して理解困難な文法構造（と語彙）を強要する文章に注目が
集まり，「やさしい英語を使おう運動」が提唱された。子どものための本を
書く人々も，年齢に応じた文法レベルに気を配る必要がある。例えば，まだ

能動態と受動態との区別（本書pp.68-69）ができない幼い読者の読み物に受動態を用いることは賢くないし，受動態を使って作文を指示することも非現実的と言える。

　いわゆる4技能は互いに依存し合っている。作文能力は読解能力に依存し，発話能力は聴解能力に依存していることは，かなり以前から認められてきた。現在では，作文は読解に依存し，読解は発話に，発話は聴解に……といった具合に，4技能すべてが1つの連鎖状態にあることがわかっている。何が新しいかと言えば，読むことと話すことの関係に関心が払われたことだ。文法に関するあらゆる項目は，4技能すべての観点から考察すべきなのである。

　文法的な問題点は作文の中で発見されることが多い。例えば，幼い子が物語を書きはじめると，and の過剰な使用に注目が集まる。7歳頃の子が結婚を夢見て物語ると，次のような文章を書くのが一般的だ。

> I wore a long white dress and I wore a pretty veil and I picked some flowers from the garden and I put them on my dress ...
>
> 白のロングドレスを着て，それからきれいなベールをつけて，それからお庭からお花をいろいろ取ってきて，それから，お花をドレスに付けて…

この文章を改めるにはどういうやり方があるだろう？　初等教育の教師たちにこの引用を見せて，できるだけ元の文章を残して訂正するにはどうするか質問したところ，ほとんど全員が，元の文章を2つに分けた。陳述の順序を訂正した教師もいた。1つの例を示そう。

> I wore a long white dress and a pretty veil.　During the morning I had picked some flowers from the garden and put them on my dress.

その後の指導をどうするか尋ねたところ，ほとんどの教師は，この文章の文脈に合う，7歳児にも分かるような接続詞や接続表現をいくつか集めて見せるのも有益だろうと考えてくれた。5分もしないうちに，教師たちは20以上の時間表現をリストアップした。earlier（以前に），the day before（その

前の日に)，before lunch（お昼ごはんの前に）などである。これに加えて，物語が別の方向に進展するような表現を思いついた人もいた。unfortunately（残念ながら），luckily（幸運にも）などである。

　その後，教師たちは，リストに挙げた中で7歳頃の子どもが読書を通じて出会う可能性があるものを調べはじめた。手元の本から時間の変化を表す例を見つけ出すのはあっという間だった。オックスフォード・リーディング・ツリー・シリーズの1作品，ロデリック・ハントの*My Home*（『僕の家』）に収められたサルのおはなしにこのような表現がある。

> In this jungle my song is sung.
> このジャングルでわしの歌は歌われる。
> Once I was strong.　かつてわしは強かった。

あるいはマイケル・ボンドの*Paddington at Large*（邦訳『パディントンとテレビ』福音館書店）には次のような例がある。

> Before Paddington had time to open his mouth Mr Curry produced a saw and a length of rope ...
> くまのパディントンが口をあけるいとまもなく，カリーさんはのこぎりと1本のロープを出してきて…

人気の作家の物語で出会う言葉遣いに注意を促せば，陳述の順序への感覚を育てる助けになるだろうし，自分でも大人っぽい表現を使う動機づけに繋がるのではないか，と教師たちは一致した見解を示した。

　「文末を重くする」原則と同様に，陳述の順序は多くの言語用法の中でも重要な文法的原則だ。文学的物語のみならず，もっと日常的な指示文やスポーツ実況のようなジャンルの文章にも影響を与えうるものだからだ。取扱説明書の文章が分かり難すぎて放り投げた経験のある人ならば，どういう文章が悪文かは想像がつくだろう。きちんと調査してみて明らかになったのは，不適切な陳述の順序が文法的間違いの元凶の1つだということだ。実際に次のような例が見つかっている。

1. Take the four screws P and use them to join the top of struts A and B.

   ねじ釘Pを4つとり，それらを使って支柱AとBの頭を繋げる。

2. Take the four screws Q and use them to join the base of struts A and B.

   ねじ釘Qを4つとり，それらを使って支柱AとBの基部を繋げる。

3. A washer G should be used with each screw before use.

   ワッシャーGを，それぞれのねじ釘を使う前に使わなければならない。

　陳述の順序は使用頻度が高く，かつ文章の明解さに直結する原則であるにも関わらず，学校文法ではまったく言及されないことは呆れるほどだ。ここでも，理論と実践の間に横たわる溝はまだまだ健在だ。

15 文法と意味

··

　文法の学習を通じて子どもに理解して欲しいと願っているもの，また私た
ち自身が文法によって実現したいと望むものは，正しさ，精確さ，明解さを
持ち，曖昧さを持たない意思の疎通であり，表現される言葉の意味が通じる
ことだ。意味とは，子ども（また大人）が他者とふれあいを求める時，その
願いの核を形作る。話す時書く時は，自分の意味を正しく明確に示す必要が
あり，聞く時読む時は，自分に向けられた意味を理解する必要がある。この
ことを端的に強調したのが，言語発達に関するマイケル・ハリデーの著書の
タイトル *Learning How to Mean*（『どのように意味するのかを学ぶ』）だった。

　しかしながら，ほとんどの人が意味と結びつけるのは文法ではなく，語彙
だ。「語彙力」を増やせば増やすほど，私たちは自分が意味したいことをよ
り良く表現できるようになる，と人は言う（『リーダーズ・ダイジェスト』の
有名なコラム記事 'It Pays to Increase Your Word Power'「語彙力を増やすと
得をする」というのもあった）。辞書を使うのも語彙力を増やすためだ。辞書
は（理論的には）1つの言語のすべての語のすべての意味を載せており，知
らない語彙の意味を学ぶツールなのだから。けれど単語だけでは意味のある
コミュニケーションはできない。イントロダクションで，スージーの push
という語の使い方を見たように，1つの語はそれ自体で意味を持っているだ
ろうが，それだけで意味が通じるとは限らない。意味が通じるためには，語
は文中に存在しなければならない。つまり語には文法が必要なのだ。

　なぜ文法は必要なのか。英語の多くの主要な語の意味がもともと曖昧だか
らだ。辞書を引けば，意味を2つ以上持つ（polysemous〔**多義的な**〕）語がど
れだけあるか分かるだろう。charge という語について，ある辞書を見ると
最初の3項目は，お金，エネルギー，軍事行動に関係する意味だ。1ダース

を超える意味を持つ語も存在する。takeやdoのような基本動詞ならば，意味は数ダースにもなるだろう。多義的な言葉が溢れているのに，どうすれば言葉にきちんと意味を持たせて使うことができるのか。

　もちろん，文法がさまざまな意味を交通整理してくれるのだ。いろいろな語を文の中に配置して，語の組み合わせを見ることで，多くの可能性の中から1つの意味を選びとることが可能になるのである。

> The theatre charged for the tickets.
> その劇場はチケット代を請求した。

> The cavalry charged along the valley.
> 騎兵隊は谷沿いに攻撃をしかけた。

> I charged the battery in my phone.
> 電話の電池を充電した。

曖昧さは解消され，それぞれの文は含んでいる語の集合から意味を生み出している。

　さまざまな語から意味を生み出す，それが文の働きであり，最長の文型から微細な屈折語尾に至るすべての文法構造の目的だ。文字通り，文の存在が意味を——形作り，創造し——成す。20世紀が作り上げた最大の記述文法書 *A Comprehensive Grammar of the English Language*（1985）（『英語文法総覧』）には3,500項目以上に及ぶさまざまな文法機能が説明されており，それぞれの項目が，人間の言葉に機微を与える文法の働きを教える。また，私たちの思考は時に複雑なので，文法も複雑にならざるを得ない。もしも表現したいレベルが「わたし，ジェーン，あなた，ターザン」といったものに留まるならば，文法はずっと容易なものになったろう。

　ここで明らかなのは，多様な文が含むそれぞれの意味から切り離して，文法を学んだり教えたりしてはならないということだ。意味と切り離された文法教育は，文法に悪名を着せた。文法を退屈で，つまらないもので，学ぶ意味もなく，実用的でないと感じる人々は皆，意味から切り離された文法を教

わってきたのだ。

　私たち自身そうだった。実際，多くの同級生は文法と縁を切った人生を過ごしている。だが，同じ授業で教わっていた私はどうして今でも文法と縁が切れていないのかはずっと心から離れない疑問だ。ひょっとすると，私の精神のずっと奥底には物事を分析したいという欲望が渦巻いているのかも知れない（ジグソーパズルも大好きだし）。ただ，ある日のこと，大学で講義を受けて，文法的分析が実際には何をするためのものなのか初めて理解した日のことは，確かにはっきりと覚えている。それが意味論という用語を知るきっかけだった。

⌗◆━ キーワード：意味論 semantics

　意味論（semantics）とは言語がどのように意味を伝えるかを研究するとても広い研究分野だ。話し言葉や書き言葉の欠片が意味を持つためのあらゆることが含まれる。話し言葉での語彙のレベルの差や談話分析，イントネーションや声の調子，書き言葉での句読点や印刷の工夫，口語と文語の両方での文法が研究対象となる。あらゆる言語現象について意味論は，それに何の意味があるのか？　あるいは，いま言ったことや書いたこと全体の意味に，それがどのように関わるのか？　と尋ねてくる。

　文法について言うならば，文法的対比が持つ意味は時に直接的で理解も容易だ。例えば，名詞における単数対複数の違い（5章参照）は，1個と2個以上の違いを確定する。他の文法事項の中には，確定が難しいものもある。特に，対比するのが2つだけではない場合だ。例えば，伝統的に時制と呼ばれるものは，時間の感覚を時間軸に沿って区別するために動詞の形を変化させるよう求める。I walk，I walked，I have walked，I had walked などがその例だ。そして，この各々の表現にそれぞれ意味が込められ，その意味をきちんと説明することが求められる。

　能動態と受動態の対比も，子どもの精神的発達との関係ですでに大枠を示した（本書 pp.68-69）が，この点でも実に興味深い。わが母校の教師ならば，

2つの態について次のように文法的分析を行うことだろう（用語についての説明は8章で行っている）。

　　能動：the cat 　　chased 　　the mouse
　　　　　主部 　　　　動詞 　　　　目的部
　　受動：the mouse was chased by the cat
　　　　　　　主部 　　　　動詞 　　　副詞句（動作主）

　もうあと2，3の例文を示せば，わが教師は自分の仕事は終わった気になったことだろう。自分の生徒たちも受動文をすぐに識別できるようになり，理論的には自分の作文にも利用できるはずだ。確かに生徒たちは，英語の試験で次のように出題されたら正答に至ったことだろう「次の段落を読み，受動態の動詞を含む文をすべて指摘しなさい」。読者諸氏もこのような問題ならば，能動と受動の真の違いをまったく知らずとも，百発百中で正解できるのではないか。

　しかし，文法分析が終われば文法の授業は終わりだろうか？　意味論的アプローチは否と答える。授業はそこから始まるのだ。しかも能動態と受動態の対比は，これまで考えもしなかった結論に導いてくれる。次の2つの文は一見すると意味に違いはないように思える。

　　the mouse chased the cat = the cat was chased by the mouse
　　ネズミが猫を追いかける＝猫はネズミに追いかけられる

しかし，ここである疑問が起きる。どうして同じなんだろう？　同じことを言うだけなら片方は不要では？　1つの言語に2つの表現方法が存在することに何の意味がある？　時代を経るうちに廃用となった用法のように，これもやがて消えるのか？　ところがどっこい，能動態と受動態は今日の英語にしっかりと生き続けている。

　記述文法は文中の品詞を分析するためだけにあるのではなく，品詞によって何が可能になるのかを考えるためのツールでもある。Forcefully, Chris kicked the ball. という文の意味について考えるためにも，副詞はどのよう

な語順が可能なのかを知らないと（本書pp.52-53），文法を十分に理解した
ことにはならない。Chris forcefully kicked the ball. も，Chris kicked the
ball forcefully. も可能なことから，副詞は文中で場所を変えることができる
ことが分かる。一方，Forcefully, kicked the ball や Forcefully, Chris
kicked が言えないことから，この場合では主部と目的部は不可欠なことに
も気づく。すべて私たちが持っている「文法に関する知識」の一部だ。

　では，能動態と受動態について私たちは何を知っていると言えるだろう？
極めつけは，能動文では他動詞の後に目的部が必要不可欠で，the cat
chased という文は作れない，ということだ。だが受動文では動詞の後の要
素（動作主）はあってもなくてもよいので the mouse was chased と言うこ
とができる。これを意味論的に説明すると，能動文では「誰がやったか」を
言わねばならないが，受動文では言わなくてもいいのだ。

　文法では，1つの疑問が新しい疑問を招く。「誰がやったか」を言いたく
ないのに，何かが起きたことを言いたくなるのはどうしてなのか？　しかし
これに答えるには，言葉のもう1つの次元を探検せねばならない。そこは文
法が生き生きと活躍するために必要不可欠の領域であり，まさに皆が待ち焦
がれた，文法的魅力が漲る聖杯を発見できる場所なのである。

16 文法と効果

....

あらゆる国で，官公庁の英語教育に関する報告書はこのような感じだ。

会話，作文，聴解ならびに読解において十二分な効果を発揮する英語使用をあらゆる児童生徒に可能とすべく奨励することを本教育制度の主要な目標と定めることを必須とするのは言を俟たない。

（この文章は1988年のイギリスの報告書「キングマンレポート」からの引用である）

英語に関する政府の報告書にeffect（**効果**）あるいはeffectの派生語（effective，effectively，effectiveness）が現れるたびに1ポンドを受け取ることができたなら，私は今頃かなりの大金持ちになっているはずだ。effectという語は，動詞 mean（意味する）とその派生語の数を遙かに凌駕する頻度を見せているのに，効果とはいったい何を意味するか説明は一切ない。まるで，言葉を効果的に用いるとはどういうことか知らない人などいないかのように——明解かつ正確に言葉を使うにはどうすればよいか，知っているのは当然とでも言うみたいだ。

言葉を効果的に用いるとはどういうことか，人間ならば誰もが知っているものだと，何十年ものあいだ，言語学者は当然のこととして考えてきた。1970年代になってようやく，効果的な言葉の使用は，コミュニケーションに関する他の問題と同様，多くの研究を要することに気づき，1980年代になってようやく，言語学の新しい研究分野として専門書が現れて，おそるおそる答えを提案しはじめた。その新しい研究分野は**語用論**（pragmatics）と呼ばれる。

pragmaticという語彙は言語学の分野では目新しかったが，日常的に「実

用的，実際的，実利的」という意味で使っている。John is a very pragmatic person（ジョンはかなり実際的な人物だ）と言えば，ジョンは状況に応じて臨機応変に対応できることを意味する。Xという状況ではある態度を示しながら，Yという状況になると別の態度で対応する。pragmaticの反対語はdogmatic（教条的）またはprincipled（原理主義的）で，もしJohn is a very dogmatic person（ジョンは教条主義的だ）と言えば，ジョンは状況がどうあれ，いつも同じ態度でいるという意味だ。原則が常にジョンの態度を決定し，規定し，支配し続けている。

　現実的な態度に必ず付随するのは，「選択の余地を持つ」ことだ。そして言語学者が語用論を扱い議論する際も，選択の余地こそが核となる。語彙の選択，発音の選択，句読点の選択，綴りの選択のように言語のあらゆる側面で——そして文法すらも——選択はついてまわる。毎日の暮らしの中，子どもの言葉遣いや表現の選択に注目する教師や保護者にとって，語用論こそが直近の関心事だ。教室であれ家庭であれ，子どもの言葉を訂正する行為とは，本質的には，言葉を適切に選ばせる行為にほかならない。つまり，話し手，書き手，聞き手，また読み手として，どこまで許容される言葉遣いかに注意を向けることになるわけだ。

🔑 キーワード：語用論 pragmatics

　語用論とは，言葉遣いの選択に関する研究であり，なぜその表現を選択するか，選択された表現がどのような効果をもたらすかを明らかにするのが目的だ。言語学者が語用論の研究をはじめた際，さまざまな角度からアプローチを試みた。言葉の選択自体に焦点を当てる学者もいれば，選択の背景となる意図，または選択の結果に焦点を当てる学者もいた。その結果，語用論の入門書は，本によって中身がそれぞれまったく異なる様相を呈した。とはいえ，その目的は「どうしてその表現を選択したか？」という疑問への答えを探すという，その1点だった。

　例えば，能動態と受動態の区別の効用に関しても，語用論的アプローチこ

そが教えてくれる。つまりは文法を教室から現実世界——劇的な見出しが紙面を賑わし，禁止の標識が立ち，実験方法や社会的責任が報告され，店員が客と会話する世界——へと導いてくれる。「行為者のことを述べずに受動態を使いたがるのはいったいなぜなのか？」あるいは「何かが起きたと言う時，その原因が誰なのか言いたくないのは，どうしてなのか？」という問いを発する時，まさに現実世界の生きた言葉を扱うことになる。

なので，マイケル・ローゼンの *We're Going on a Bear Hunt*（邦訳『きょうはみんなでクマがりだ』評論社）ではないが，「きょうはみんなで受動態狩りだ。つかまえるのはでかいやつ」とかけ声を上げよう。前章で伝統的な文法解析の術を用いて受動態とはどのようなものか見分ける方法を学んだ私たちが次にするのは，行為者を省略する言葉遣いを，学校や家庭や街中で手当たり次第に見つけることだ。

それほど難しいことではない。駅のキオスクを通り過ぎる時，新聞の見出しに現れる表現は，

20 KILLED　　20人死亡

これは20 people have been killed（20人が殺された）を短くした表現で，この受動態に行為者は現れない。何が起きたのだろう？　店に入って新聞を買い，そして誰が「殺人犯」かを初めて知る。20人が竜巻の犠牲者になったのだ。見出しを書いた人物は，購買意欲を刺激するには最初から情報を与えすぎないほうが良いということを知っている。もし見出しに「竜巻により20人が殺された」と書いていたら，誰が新聞を買いたいと思うだろう？新聞の見出しで不明瞭な1文を敢えて書くのは商売上の術策であり，行為者を述べない受動態はその目的にかなった完璧な方法なのだ。

通りをしばらく歩いてみよう。すると次のような標識が目に入る。

ENTRY PROHIBITED　　　進入禁止

これも行為者が明言されていない素晴らしい例文だ。ここでは上の例とは違う疑問が湧くだろう。「禁止したのはいったい誰か？」　知事か？　役所か？

私道の所有者か？　特定の個人か？　禁止をした者が自分を表に出したくなかったのか？　もし当局のどの部署が掲示を裁可したのか分かっているなら，なぜそれを明かさないのか？　どうしてこういう掲示は能動態で書かれないのだろうか？　The government prohibits you（イギリス政府はあなたに禁じます），We prohibit you（我々はあなたがたに禁じる）などという文句が使われないのはなぜだろう？　受動態だと客観的な記述になるから余計に権威的になるのだろうか？　私が参観した学校では教室の各グループで，この問題について熱い議論が展開された（「熱い」議論は文法に限られていた，と言っておこう）。

　せっかくだから，校内も探してみよう。科学の実験室はどうだろう。実験結果のレポートが書かれねばならないわけだが，科学者の卵たちはどのように書くだろうか？　次の文章ではどれが望ましく，どれが望ましくないだろう？　どれが理想的な文で，それはどうしてだろう？

I mixed X and Y to produce Z.
Zを作るために私はXとYを混ぜた。

We mixed X and Y to produce Z.
Zを作るために我々はXとYを混ぜた。

Our class mixed X and Y to produce Z.
Zを作るために私たちのクラスはXとYを混ぜた。

John and Mary mixed X and Y to produce Z.
Zを作るためにジョンとメアリはXとYを混ぜた。

John, wearing a new red jumper, mixed X and Y to produce Z.
新しい赤いセーターを着たジョンは，Zを作るためにXとYを混ぜた。

X and Y were mixed to produce Z.
Zを作るためにXとYが混ぜられた。

ここで，また熱い議論が交わされる。赤いセーターの例文はたちまち消去処分に。どうして？　だって，実験には関係ないから（教師がこの点を指摘する必要がないことに注意して欲しい。生徒たちからは自発的な意見をいつでも聞くことができる）。それならば，と議論は続き，ジョンとメアリも実験に関係ないよ，だって誰が混ぜたって結果は同じなんだから。「私」とか「我々」も同じように実験を私的な行動と結びつけている。となれば，「私たちのクラス」も同様だ。では，もし僕たちが個人と結びつく要素を書き物から排除したいと思うなら，どうすればよいだろう？　誰がやったかを言わないで何かが起きたことを言うには？　受動態がぴったり。多分，だから僕たちが科学と呼ぶ，客観的かつ非個人的な世界を描く時に受動態が頻繁に使われるんだ。

　上の英文例はすべて書き言葉だが，日常的な会話でも注意深く耳を傾ければ，行為者を述べない受動態にきっと気づく。そういう表現を使うような状況をロール・プレイングで演じることも教授法として便利だ。ここに1つの例を挙げよう。知り合い同士の会話で，どうしてここにいるのかを説明する場面だ。

　I've just had my hair done.　ちょうど髪を綺麗にしてもらったのよ。

これに対する答えはIt looks lovely（よく似合っていますね）などが期待される。

　Really? Who by?　ほんとう？　誰にしてもらったの？

など，語られていない行為者を尋ねるのは危険だ。もちろん，イントネーションや顔の表情で意味も変わる。熱意ある称賛を伴う声や表情ならば，同じ質問でも褒め言葉になる（「私もおなじ人に切ってもらいたいわ」という意味になる）。感情を込めない声と表情ならば，反対の意味になる（「私だったら他の人にするわ」）。最初から行為者が誰か分かっていれば特別な背景を意味する。例えば，

　I've just had my hair done by Tony.

　　トニーに髪を綺麗にしてもらったのよ。

と言う場合，トニーは良い美容師に決まっている。でなければ彼の名を出す必要などないではないか？

　以上の例では，語用論的アプローチによって英語の各表現を用いる理由が探求できる。この場合の文法的選択肢は単純で，能動態と受動態，行為者を述べるか省略するかである。だが，それぞれの選択肢で背後にある意図，また生み出す効果もさまざまだ。意図と効果とは一致することもあれば，一致しないこともあるが，一致すれば，聞き手または読み手への効果はねらい通りになる。もはや文法書や黒板の閉じた世界からは遠く隔たっているのは明らかだ。そして，美容師の名まえを告げる例が魅力ある髪型を連想させたように，文法（グラマー）は魅力ある表現に導いてくれている。

17 構造と用法を合わせて

　前章から明らかになったように，文法には2つの次元がある。私たちが耳や目で受け取る実際の文がどのように形作られているかを研究する際，できる限りの専門用語をかき集めて説明する次元が1つ目で，これを**構造**（structure）と呼ぼう。一方，その文が用いられる周囲の状況について耳や目から理解し，その効果を感じ取り，その状況に適した用いられ方であるか否かを判断する2つ目の次元を**用法**（use）と呼ぼう。

　ごく最近までの文法の歴史をひもといてみると，構造と用法は互いに関係がないと思われていたことが分かる。何世紀もの間，人々は文法とは構造に他ならないと考え，単語の品詞に関する知識を得て文中の品詞を見分ける術を学ぶだけで，単語の用法については，規範文法通りに使うことを奨励する以外は無視してきたのだ。そして1960年代，文法とはこういうものだと言い張る人々に対して，教師，試験官，政府の諮問委員会，マスコミからはそのような文法ならば不要だという論が高まり，英語圏の学校教育から文法という科目が外されることとなった。イギリスでは，1964年の中等学校試験協議会の報告書（「ロックウッドレポート」）によって，試験の文法問題はあからさまに攻撃され，文法は死の女神から口づけを受けた。その後間もなく，試験から文法問題は姿を消し，それに合わせて英文法が教えられることもなくなった。数年のうちに，アメリカ，カナダ，オーストラリア，ニュージーランドその他の英語圏の国々へ，文法への同様の不信感が広まった。文法は英語圏全体で公式に死亡した。間もなく現れた新しい世代の生徒たちは，ちょうどイントロダクションで述べた前置詞と乗馬のエピソードが示したように，最も基本的な文法用語すら知らないまま育つことになった。

　1970年代には文の構造研究に代わって，用法研究が広く世間を席巻した。

この研究アプローチは，ニュース記事，宗教あるいは法律文書，議会報告，広告やスポーツ実況など，現実社会の中で，ある特定のジャンルで言語が用いられる状況に焦点を当てるものだった。例えば，あるクラスでは，生徒が集めた広告の文章を扱い，広告の言葉遣いの狙いとは何か，またその狙いが実際どれほど成功をおさめるかを議論した。生徒たちにとっては，広告文を書く人たちの動機への批判的な視点が養われる。ところが，広告内の言葉の実際の使われ方についての議論は，「短い文」とか「生き生きとした単語」のように曖昧な言及にとどまるほかなかった。理由は明らかで，そのような議論を行うための専門用語が存在しなかったからだ。

　文章ごとに比較をすることによって，私たちは問題の本質に迫ることが可能だ。次の2つの文章に見られる劇的効果を，文法用語を使わずに説明してみよう。

> The old, ruined house stood on the hillside.
> 古く寂れた家がその丘に立っていた。

> The house, old, ruined, stood on the hillside.
> その家は，古く，寂れ，その丘にたっていた。

文法用語をまったく知らないまま，すっきりと簡明に説明するのは難しい。形容詞や名詞という用語を知りさえすれば，また語順の大切さに気づけば，説明も容易だ。英語ではold（古い），ruined（寂れた）といった形容詞は通常は名詞の前に置かれる。名詞の後に形容詞が置かれると，それぞれが強調され，その効果によって文章の雰囲気も変わる。授業では，語順の変化が持つ強い印象について学んだあとで，形容詞や名詞のリストを作って，どのような語順の時にどのような効果が生まれるのか，検証することも簡単にできる。さらに教師は言うだろう。形容詞の後置が生む効果は，物語を書くのに応用できないだろうか？　お手本は，生徒たちの好みの作家の本の中に見つかるだろうし，そうなれば，もはや単なる学問的な知識には留まらない。例えばテリー・プラチェット著 *The Carpet People*（『カーペット・ピープル』）

13章からの一節を見ると，ピスマイアが見た the gleam of ten thousand eyes, green, red and white ...（その１万の眼光）には，「緑，赤，そして白」を表す形容詞が後置されている。文法事項への気づきと文学創作との繋がりがどのようなものかは，実例から伝わってくるものなのだ。

🔑 キーワード：コインの両面 two sides of a coin

今日の英文法教育の場で流行っているのは２つの次元を１つに統合する，「コインの両面」的アプローチだ。文の構造は用法のために存在し，用法が成り立つには構造が欠かせない。文法を研究することに意義と価値を持たせ，そして文法の語源の通りに魅力あるものとするには，文がどのように使われているかを知る必要がある。例えば，プラチェットのような文章を書くという魅力的な目標があるならば，彼が後置形容詞をどのように用いているかを理解することは，その目標に一歩でも近づくことになる。

構造と用法のどちらかが欠けてしまうと，文法は人工的で的外れなものとなる。外国語として英語を学ぶ生徒のために書かれたある文法書を読んでいたところ，その最初の章に単文が１つ紹介されていた。This is a table（これは１つのテーブルです）。そしてテーブルの絵が描かれていた。他の単語のリストも載っていて，生徒は練習として This is a chair（椅子），This is a door（扉）などと言い換える。授業の中で生徒たちひとりひとりが順番にそのような文を言わされる授業を見たことがある。授業の目標は明らかに，生徒にこの構文を習熟させることだ。

しかし，「用法」の観点から見ると，この授業には問題がある。実際の生活で私たちは This is a table と言いたくなることがあるだろうか？ 部屋に入り，テーブルを見て，そこにいる誰かに「これはテーブルです」と説明することがあるだろうか？ 確かに私たちの住むこの実存主義的で奇妙な世界では，そのように伝えたくなることもあるかも知れないが，日常的に用いるわけでもない。生徒たちは，文字通り使い道の少ないものを教わっているわけである。

使い道に溢れた教育に変えるにはちょっとしたひねりが必要だ。形容詞を加えるのだ。すると突然，暮らしの場面が想像できるようになる。例えば This is a well-made table（これは仕上げのいいテーブルだ）と言えば，家具屋の中に立っている自分を容易に想像できる。あるいはアンティーク・ショップで店長が説明する。This is a genuine Venetian table（これは本物のヴェネチア製のテーブルなんですよ）。文を生き生きとしたものにするには，形容詞が不可欠だ。

外国語教育の場からもう1例見てみよう。How old are you?（あなたは何歳ですか？）I'm〜（私は〜です）というパターン練習。教師が質問をし，生徒が自分の年齢を，あるいは想像上の年齢で応える。次に生徒同士が互いにクラスの中で質問と応答を練習する。数分後，生徒たちはこのやりとりをスムーズにできるようになり，教師は次の単現に移って英語の別の文構造を教える。

それで生徒たちは年齢の尋ね方を学んだのであろうか？　文構造の観点から見ればそうだが，「言葉の用法」の観点からすれば，まったくそのようなことはない。実際の暮らしのなかで，いつ他人の年齢を聞くことがあるだろう？　それは危険な質問だ。アルコール飲料を買おうとやってきた若い客に店長が尋ねる。「お前は何歳だ？」と疑う様子，けんか腰の調子だ。医者が，検査結果を見ながら私に問う。「クリスタルさん，あなた何歳でしたか？」うんざりした調子で「もっと運動をするべきだと前から言っていたでしょうに」という感じだ。また，子どもは大人――特に大人の女性――に歳を尋ねたあとで，軽率に大人に年齢を尋ねることは人生でやってはいけないことの1つだと学ぶのだ。

スージーは自分の誕生日パーティでそのことを学んだ。おばあちゃんが同席していて，大人がするいつもの質問をパーティの主役に尋ねる。'How old are you today?'（今日で何歳になったの？）スージーは 'Four'（4歳よ）と答え，続けて 'And how old are you, Granny?'（それじゃ，おばあちゃんは何歳なの？）周りは大笑い。'Oh no, dear, you don't ask a lady her age'（あらだめよ，女性に年齢を訊いたりしちゃ）。おそらくスージーにとっては戸惑

う瞬間だったろう。どうして正しい文章を言うことが、ダメなんだろう？　スージーは、文法にはこういう落とし穴が待っているとこれから学んでいく。文法研究では、そのような落とし穴も、構造と用法の関係を理解するための格好の材料になる。

　本書で扱う文法は英語のものだが、他の言語の学習にも構造と用法を結びつけることは重要だ。私が学んだ学校では構造にばかり焦点が当てられていた。英語のyouにあたるフランス語は2つあって、単数形 tu と、複数形 vousだ。現代英語とフランス語は異なるから、時間をかけて、例えば不規則変化動詞の活用などを練習させられた。tu sais（君は知っている），vous savez（あなたがたは知っている）などなどだ。

　その後、私が初めてフランスに渡り、パリでちょっと道に迷った時、憲兵を見つけてフランス語で試しに道を尋ねてみた。憲兵はひとりだったので、tuを使って、Monsieur, tu sais où est ...?（ムッシュ、～はどこか君は知っているか？）と尋ねると、彼は私を奇妙な顔で見つめた。後に自分の間違いを知ったのだが、tu（君）とvouz（あなた）の語用論的な違いを私は無視していたのだった。フランス語では、あのような状況ではtuは使わない。大人が使うとすれば子どもやペット、親友にはtuを使うので、あの憲兵は自分が子どもや豚のように扱われたか、あるいは私が彼を口説こうとしているように聞こえたに違いない。とはいえ、語用論的には侮辱と取られかねない物言いへの疑いも、私の外国人なまりのフランス語と世間知らずの振る舞いから払拭されたことだろうが。

オットー・イェスペルセン教授
（Professor Otto Jespersen ）

　デンマークのオットー・イェスペルセン教授
（1860-1943）は，「最初の記述文法家」と言われ
れる。1910年，彼は *The School Review* 誌の
ために 'Modern English Grammar'（「現代
英文法」）という論考を書いた。以下に最初の2
段落を引用する。

　多くの人々が，文法学習はとても味気ないものだが，子どもが当該言
語を書いたり話したりする時には非常に役に立つと思っているようだ。
私は，まったく正反対の考えを持っている。文法学習というのは，実際
それほど役に立たず，だがとてもワクワクする面白いものだ。少なくと
も現在に至るまで行われてきた方法での文法の学習は，英語の散文や韻
文を読みこなせるようになろうとする人にとってさっぱり助けにならなかっ
たが，文法は，それ自体に興味深い点が多々あり，学校で勉強する普通
の子どもにとっても面白いものになりうると私は考える。
　重要な点は，論理的または抽象的な定義から文法に近づこうとしない
ことだ。必要なことは，言語とは生きているものであり，それが何を意
味するか示すことにある。子どもが猫や犬について学習する時，猫が何
で犬が何なのかという定義からはじめることはない。自分にとって興味
深い「この」動物は「ねこ」で「あっちの」おそらくもっと興味深い動
物は「いぬ」だということを学習する。そして，何年後かに，動物学を
勉強するほど学習が進めば，「ネコ」をどのように定義し，「イヌ」をど

のように定義するかという質問が試験に出るかもしれない。だが，動物学の分野でさえも，ネコやイヌの定義を問われるとは思わない。であれば，なぜ我々は，文法の学習を名詞や形容詞，動詞やその他すべての用語の定義からはじめるのか。私にはその理由が見いだせない。

　私自身は，イェスペルセン教授と伝統文法の中間の立場を取る。文法学習はワクワクするほど面白いし役に立つ。教授の提言は注目すべきものだ。「少なくとも現在に至るまで行われてきた方法での文法の学習」，これが問題の鍵だ。教授がこれを書いて以降の1世紀，子どもの（そして大人の）聞く，話す，読む，書く能力向上に役立つ新しい文法学習の方法が明らかにされてきた。文法学習の魅力はすぐ目の前にある。その見つけ方さえ知っていれば。

18　文体のセンスと意味

．．．

　どのように言語構造と言語用法を結びつけるのか。私の考えでは，言語構造を学ぶ文法学習に意味論（言語の意味の観点を付加する）と，語用論（言語用法の意図と効果の観点を付加する）を加えることだ。15章および16章では，能動態と受動態の例を用いてこれら2つのことをどのように行うか説明したが，文法に関する議論は何であれ同じ方法が可能だ。

　私の考えを実践する目的で，意味論の観点から語用論の観点に至るまですべてに焦点を当てて英文法を論じようとすれば，その文法書は分厚いものになるだろう。ある1つの特徴を論じようとすると，次から次へと無視できない例が見つかるので，入門的な本もあっという間に長くなる。この方法で2004年に *Making Sense of Grammar*（『文法意味づけ論』）という本を執筆した時には，簡単に400ページにまで達した。割愛した例を含めていたら本の長さは（値段も）2倍になっていただろう。

　一見小さな文法項目であっても，その背後には膨大な用法が横たわっている。例に we を取ってみる。伝統的な解説では，「一人称複数の代名詞」として他の代名詞と列挙するが，それだけではない。

　意味論的なアプローチは，we の別の意味に注意を向けさせる。例えば，

・話し手／書き手と相手が含まれる場合：I think we should leave now, John. （行きましょう，ジョン）
・話し手／書き手だけで相手は含まれない場合：We can get there without your help. （あなたの助けがなくても私たちはそこへ行けます）
・話し手／書き手と発話の場にいる不特定多数が含まれる場合：We won our last match. 〔この場合の we は，選手たちとサポーターたち両方〕（最後の試合に勝った）

113

・話し手／書き手と世界中の人々全員の場合：We aren't paying enough attention to climate change. （我々は，気候変動に十分な注意を払っていない）

・いわゆる 'royal we'（君主の we）と呼ばれる，話し手／書き手のみの場合。シェイクスピアの作品を研究する時には非常に重要：We are not amused. （余は面白くない）

特に重要であり，かつ今までの正式な書き言葉にのみ焦点を当てた伝統的説明では無視されていたのが，we が二人称および三人称をも表す場合だ。

・話しかけられる相手を意味する we。例としては患者に語りかける看護師のように：How are we today? （今日の調子はいかがですか？）

・その場にいない第三者を意味する we。例としては「おはよう」のあいさつを忘れた上司について話をしている 2 人の受付係のように：We are in a nice mood today! （〔ボスは〕今日はご機嫌ね！）

語用論的なアプローチは，なぜ，この we という単語が上記のようにさまざまな状況で使用されるのかを検討する。患者に向かって we と言う看護師の意図とその効果は？　多くの人にとって，この用法は上から目線的に感じるが，聞き手を不愉快にするのが話し手の意図ではないだろう。How are we today? と How are you today? で何が異なるのか考えると，とても興味深い議論ができそうだ。そして，警察が使う We don't want any trouble now, do we, sir?（厄介事は嫌だろう，旦那？）における we の用法もすぐに想起されるだろう。

　we の語用論は議論として興味深いだけでなく，実用的でもあるということだ。実際に文章を書く時には we を使うのかどうか決めなければならないのだから。では，自分が書くレポート（あるいは物語，手紙，ブログ，メール etc.）は，個人的な文体を取るべきなのか否か。語用論的に文体を選ぼうとする場合，例えば以下のような選択肢がある。

・個人の関与を示唆するために I を使用する：

　I pointed out earlier ...　私が上に指摘した……

・一般的な関与を意味するために one を使用する：

One pointed out earlier ...　上に指摘した……

・自己本位な印象を与えないためにweを使用する：

We pointed out earlier ...　我々が上に指摘した……

・書き手と読み手が共同作業に従事していることを表すためにweを使用する（いわゆる「編集者のwe」）：As we saw earlier ...　上で見たように……

・書き手と読み手の間に距離があり，場合によっては論旨展開の飛躍を示唆するためにyouを使用する：As you saw earlier ...　読者が上で見たように……

・非形式的なoneの代替として「誰でも」を表すためにyouを使用する：

You can see the beach from our house ...　私たちの家から浜辺が見えます……

・上記すべての選択肢を避けて受動態を使用する：

It was pointed out earlier ...　上に指摘された……

上記の選択肢の中からどの主語を使用するかが決まれば，主語の用法を首尾一貫させることで，曖昧さの回避や統一性の保持が達成される。それが達成されていない次のような文章は，ほとんどの人が不愉快に感じるであろう。

We started the climb at six o'clock. You could see the summit clearly, and we thought it wouldn't take more than an hour to reach it. But one forgot about the mist, and I was surprised to find we were still a long way off at seven.

我々は6時に登頂を開始した。君には頂上がはっきりと見えたし，我々は到達に1時間もかからないだろうと考えていた。だが，人は霧のことを忘れていて，7時になっても我々の到着にははるかに至らないことに私は驚いた。

代名詞主語の代わりに別の表現方法を採用するという文体選択もありうる。例えば，Iやyouの代わりに名詞句を使用することで，堅苦しい文章を作り出せる。

This reviewer has to say he has never seen such a terrible production.
論評者としては，これほどひどい作品は見たことがないと言わねばならない。

Readers of this column will not be surprised to learn ...
このコラムの読者は，……と知っても驚くまい。

個人的文体あるいは専門的文体，それぞれにふさわしい文章を書くために，英語における主語選択に注意を向けさせれば，それなりの授業時間を割くことになるだろうが。

⚷ キーワード：文体 style

　基本的に，意味論的／語用論的アプローチは，言語に関する文法的定義を問うのではなく，ある特定の語法を使う理由を考察する。理由の探求は，文法を誰にとっても面白くワクワクするものにしてくれる。なぜなら，それこそが，文法が本の中から出て，現実世界で活躍できるはじめの一歩だからだ。このアプローチは思考を刺激する活動で，過去・現在を問わず，どのような言語用法にも適用できる。どうしてNは文中でXを使ったのか。もし使わなかったら，違う使い方をしたら，別のものを使ったら，どうだったのか。Xの箇所には受動態，形容詞，過去時制，副詞，従属節，または他のあらゆる英文法事項を当てはめてみるといい。Nには，政治家，科学者，スポーツ実況者，ジャーナリスト，シェイクスピア，その他のあらゆる英語使用者を当てはめてみる――もちろん，学習者自身も忘れずに。

　このアプローチによって，自分自身の言語用法を文法的に分析する機会が得られる。受動態が使われる状況で議論が深まれば，自分の話し言葉や書き言葉の中で受動態を使うことが適切か否か判断できるようになり，その受動態を聞いたり読んだりした時にその効果も判断できるようになる。つまり，話したり書いたりしている時には，自分が言いたいと思っている意味と効果

をきちんと表現する文法構造を選択したと自信が持てるし，聞いたり読んだりしている時には，他者が言いたいと思っている意味と効果をきちんと理解したと自信が持てる。

　言語を使用する時の選択肢すべてをまとめて，**文体**（style）と呼ぶ。この用語は，さまざまな場面で使われる。

・ある言語使用者をその他と区別する選択肢として：my style, Shakespeare's style, Obama's style　（私の文体，シェイクスピアの文体，オバマの文体）

・言語使用者と聞き手との関係性を表す選択肢として：formal style, intimate style, official style　（文語的な文体，親密な文体，公文書文体）

・集団や組織の構成員を表す選択肢として：educated style, house style, the style of Metaphysical poetry　（教育を受けた文体，家庭での文体，形而上詩の文体）

・職業を表す選択肢として：religious style, scientific style, journalese　（聖職者の文体，科学者の文体，ジャーナリストの文体）

・ジャンルを表す選択肢として：poetic style, prose style, email style　（詩の文体，散文の文体，メールの文体）

　語彙，綴り字法，発音等々，言語のあらゆる様相は，話し言葉や書き言葉の文体全般の印象に作用するが，文法はまた別で，これらの様相が働く場としての構造，すなわち文体の骨組みを提供する。単語や句読点，声の調子やその他の特徴を融合し，意味のある効果的な全体像を作り上げるための手段が文法なのだ。

　文体とは，話者／書き手が持つ選択肢が生み出す集合的効果であり，言語用法を「上から下への（先に型があって，中身を作り上げるために言葉を使う）」見方だ。これは，規範文法も記述文法も典型的な研究アプローチとして持っていた「下から上への（先に構造と用法があって，言葉を使っていく過程で型が作られる）」見方を補完する。どちらの見方も必要で，ゆえに，文法を辞書的に解説することには限界がある。ファウラーの *A Dictionary of Modern English Usage*（『現代英語用法辞典』）や類書は詳しく語法を説明するが，そ

の語法を文体的に首尾一貫した文章へと統合させるのは読者に委ねている。

2つの観点が必要だ。1つ1つの文法事項を見ることは言語の理解に繋がるが，ある段階になったら，その文法事項が発話行為や執筆行為の談話の中でどのように当てはまるのかを理解する必要がある。そうすることで，文法的に正しい言語選択をすると同時に，文法以外の点においてもふさわしい選択ができる。例えば，談話の中で文語的な形式を選択するなら，言語の他の点も文語的であるべき，というように。次の例文のように，短縮形の助動詞をwhomと一緒に使用するのは，収まりが悪い。

I'd ask the gentleman to whom I've been talking.
私が話しかけているところの紳士に聞いちゃおう。

また，文語的な文法を口語的な語彙と一緒に使用するのも収まりが悪い。

I should ask the chap to whom I have been chatting.
私が喋っているところの奴に尋ねるべきだ。

もちろん，敢えて文体的な標準を破ることも可能だ。だが，これを効果的に行うためには，何が標準なのかを知っておく必要がある。

規則を習得する――もちろん，過去の信憑性のない規範文法規則ではなく真正の文法規則を――ことは，意味論的／語用論的アプローチによって盛んになったが，いまだ細部にわたって注意を払う必要がある。言い換えれば，まだまだ研究が必要であるということだ。その場その場にふさわしい話し言葉や書き言葉の文体は学習によって初めて身につく。子どもは，自分が読む本の作家や映画やテレビ番組の中のキャラクター，インターネットで読む書き手の文体を模倣する。作家として書くことを始める時は，大人も同じことをする。だが，稀な例外を除いて，自分が素晴らしいと思う文体は，その文体を書く人物の多大な努力の結果であることを認識する必要があり，もし自分も自分なりの文体を発達させたいと思うなら，それなりの努力が必要となる。

昔より今のほうが，文法上の選択肢を試すのは簡単になった。コンピュー

タの画面上で，すぐに変更を加えることができ，気に入らなければ「元に戻す」ボタンを押せばいい。コンピュータの画面上にまず1文を入力してから，節の種類や語順を変えたり，あちらこちらで単語を挿入したり削除したりして文法構造を変更することは，今では日常茶飯事だ。大抵，書き手は迷う。オスカー・ワイルドの言葉が思い出される。

> I was working on the proof of one of my poems all the morning, and took out a comma. In the afternoon I put it back again.
> 午前中かけて自分が書いた詩の校正をしていたが，コンマを1つ削除した。午後になって，そのコンマを元あった箇所に加えた。

　作家が自身の文体を確立するために文法に気を配っていることを，私たちはきちんと認識する必要がある。しっくりくるまでいろいろな表現を試してみることが，各々の文体を築き上げる最初の一歩なのだ。

　意味論的／語用論的アプローチは，社会からの批判を避けるために従うべきだとされた規範文法の伝統とは正反対だ。規範文法では，選択の余地などなかった。一方，初期の記述文法にはかなりの前進が認められ，文法的用法の選択肢の正確かつ包括的な説明がなされたが，その選択肢を条件づける社会的かつ文体的要因にはほとんど注意は払われなかった。記述文法では，明らかに選択肢が多すぎて，言語学者が言うところの「何でもあり」という批判を生むこととなったのである。

　現在のアプローチは，文法と語法／文体の両方をうまく統合する。明解さや正確さに重点を置くという規範文法の特性も認めつつ，その明解さや正確さはガチガチの規則によってではなく，実際のさまざまな語法や文体で達成されるという方向へ導く。文法規則が言語用法の現実を反映し，意味と効果を考慮に入れる限り，言語教育における文法規則の重要性も認めている。

　このアプローチの中核は，意味論的かつ語用論的に条件づけられた文法上の選択という説得力のある力強い概念であり，ある意味，語彙選択とも似ている。この概念は文学という学問の中心にある考え方で，文学では作家の言葉の使い方について専門家たちが解説する。また，監督や俳優が登場人物や

台詞を「解釈する」時には，この概念は舞台芸術の中心にある。「正しい場所に正しい単語を」というジョナサン・スウィフトの言葉にあるように，個人の言語用法を特徴づけるものとして，この概念は言葉の中に反映されている。そして，話し言葉であれ書き言葉であれ，あらゆる職種を反映する職業別言語用法の基底にあるものでもある。少しだけ例を挙げると，弁護士，聖職者，ジャーナリスト，科学者，コピーライター，スポーツ実況者から溢れ出てくる言葉に遭遇する時，私たちは文法の役割をつい見過ごしてしまう。彼らが使う語彙が特殊なためについついそちらに気を取られてしまうが，実は彼らも，意味を成すために文法を必要としているのだ。そして，彼らの使う文体によって職業もまた明示されることになる。

19 職業上の文法

∙∙

　言葉は職業的アイデンティティに繋がる。言葉遣いによって，職業――特に言語に頼る職業――を識別するのは造作もない。文法は重要な特徴の1つだ。職業によっては言葉の使い方が大きな特徴として認識され，宗教英語や法律英語の文法的特徴ほど特殊なものは他にないほどだ。しかしどのような職業にせよ，それなりの統語論と形態論は常に存在する。両者は固有の文体の骨組みとして，意見交換，考察過程，実況を言語によって表現するために活用される。世俗からやや切り離された宗教界や法曹界の文書は現実世界を反映した文体とは言い難いが，ある種の文体，例えばスポーツ実況では，現実世界を如実に映すことこそがすべてだ。

■スポーツ実況

　ラジオでのスポーツ実況は疑うべくもなく仕事が明確に定められた職種だ。何かが起きている時に何が起きているかを言葉だけで描写する。「競技動作の即時実況」とも呼ばれる所以である。もちろん，プレイが膠着している時などは，「色づけ」として関連情報を伝えることはある。けれどプレイ・バイ・プレイの実況放送こそジャンル特有の文法的特徴が顕著となる。

　そもそも実況を実況たらしめているのは動詞の現在時制だ。もはや自明でさえあるが，改めて現在時制が頻繁に使われるのを確認して，実況文の文法が他とどう違うか見てみよう。

And it's Herrera with a lovely little pass to Rooney ...
そしてエレーラだ，綺麗な短いパスをルーニーへ……

The blue is just waiting for the middle pocket ...

青玉がちょうどミドル・ポケットに入るのを待っている位置で……

It's a hanging curve ball ...
すっぽ抜けのカーブだ……

Anderson comes in and bowls to ...
アンダーソンが投手線に入る。投球する相手は……

And now Murray's serving for the match ...
そして，さあ，マレーがこの試合最初のサーブを打つ……

語彙は──もちろん選手名も──それぞれのスポーツで異なるが（上からサッカー，スヌーカー，野球，クリケット，テニス），文法はこれらすべてに共通する特徴を持っている。

　さらに中継を聞き続けてみると，スポーツ実況の，特に省略や繰り返しといった特徴にも気づく。

Rooney back to Herrera ... Herrera to Lingard ... Lingard to Rooney ...
Herrera again ...
ルーニーからエレーラへ，バックパス……エレーラからリンガード……
リンガードからルーニー……またエレーラ……

この省略語法はプレイの速さを反映している。速い動きには短い文こそ良い実況になる。

　試合の展開は語順に影響する。通常ならば文末にくる副詞句が文頭にある例。

Over at second base is Castro──at third base is──Bird ...
二塁上にいる，カストロが……三塁には……バード

文法が，球場内を動く実況者の目をなぞっているかのようだ。選手を判別するため，動詞の後に間があるのも実況中継ならではだ。そして誰のプレイか

実況者に判断がつかない状況を反映するのが，受動態である（16章参照）。スポーツ実況では，特に何人もの選手の速いプレイが続くと，普段よりも受動態が頻繁に使われる。理由は，実況者の眼差しが動きを先に捉え，そのあとで誰かを確かめるからだ。誰の行動かを確認する前に何が起きているかを言わねばならない実況者にとって，受動態は命綱だ。Brown blocks Smith's shot at goal（ブラウンがスミスのシュートをブロックする！）と言えないから，Smith's shot is blocked by ── Brown（スミスのシュートはブロックされる──ブラウンに！）と言うわけだ。

　試合のペースがゆっくりになっても，文法は実況者を助けてくれる。時間を稼ぐための修飾語句として饒舌な形容詞は神からの贈り物。名詞の後につながる長い語句や節はさらに大きなプレゼントだ。

> Rooney sends a neat, cheeky, almost leisurely flick towards the goal ...
> ルーニーが送った，かっこいい，腹立たしいような，ほとんどからかうような軽いひと蹴りがゴールに向かう……
>
> and the ball lands in the safe hands of Federici, who's got Reading out of trouble more than once in this match ...
> そしてボールが収まったがっちりとした両手はフェデリーチのもの，その彼がこの試合でレディングを救ったのはこれで何回目だろう……

　文体について説明するために必要なのは，そこに何があるか，だけでなく，そこには何がないのかにも注意を向けることだ。例えば，法律文書のような複雑な従属節は実況にはない。また当然ながら実況は流暢であるべきで，I mean, you know, errrm（えーと，つまり，うーむ）などの繋ぎの文句や言い淀みなどはあってはならない。

■法則を破る

　宗教，法律またはスポーツ実況といった職業にはそれぞれ現場に応じた制

約があり，職業人にとって制約に合わない言葉遣いは禁物だ。実際，誤用は社会的制裁を被る場合もある。例えば法的現場ならば法廷侮辱罪の適用になり，宗教的現場では冒瀆あるいは異端の責めを負うことになる。とはいえ，すべての職業にそのような厳しい制約があるわけではない。商業広告や報道の場面では，一般には守られている文法規則を逸脱すること（本書p.118）も日常的に，また特権的に行われているのだ。

　基本原則として，国内の公共のための文章は現在の標準英語文法に適っているのが相応しいという意見がある。つまり，例えばis not，am not，are notの代わりのain'tなどの非標準英語の要素や，we wereの代わりにwe was，あるいはI were satなどの地域方言，主格のyouの代わりのye，三人称単数現在形のgoesに代わりgoethを用いる廃語的表現は避けるべきということだ。だが，出版物やインターネットではそうした表現も日常茶飯事だ。

We wuz robbed, viewers
「オマエら，アタシらムカついたぉ」
（『デイリー・メイル・オンライン』の見出し）

There's gold in them there hills
「あっちのお山ん中に金が眠ってる」（『テレグラフ』紙のスコットランドの未使用の金正貨準備に関するルポルタージュ見出し）

The corporate taxman cometh
「法人収税吏来る」
（『エコノミスト』誌の税制に関する記事見出し）

Abandon sleep all ye that enter here
「ここに入る者すべて眠りを捨てよ」
（「トリップ・アドバイザー」へのレビュー【訳注：ダンテ『神曲』のパロディ】）

Nigeria ain't broke, it just needs to fix its tax system
「ナイジェリアは破産したんじゃない。税制を直す必要があるだけだ」

（『ガーディアン』紙の見出し）

共同体記憶には古い言い回しや方言的表現が大量に蓄積されており，メディ
ア記者は，耳目を集める見出しやユーモア，パロディ精神を加えるために頻
繁に利用している。また，賢い書き手ならば，このような見出しを見たら，
自分の執筆に早速利用するだろう。例えば，最後の例の元ネタである If it
ain't broke, don't fix it（壊れていないなら直そうとするんじゃない）という決
まり文句は多くのヴァリエーションを生んできた。

If it ain't broke, break it
「壊れてないなら，壊しちまえ」
（犯罪小説の新しいジャンルに関する記事見出し）

Hey, Twitter: if it ain't broke, don't add 9.8K characters to it
「おい，ツイッター。バグがないなら，9800字も加えんな」
（長文ツイートを可能にするツイッター社の計画への反対投稿のタイトル）

If it ain't broke, don't upgrade it
「壊れてないなら，アップグレードすんな」
（ソフトウェア「フォトショップ」の新ヴァージョン・リリースへのコメント）

If we can't fix it, it ain't broke
「我々に直せないなら，それは壊れてなんかない」
（米国の自動車修理店の看板）

インターネットで検索すれば，このような例は山ほど見つかる。

広告業界では，あらゆる文法規則を歪め，破壊するのも可能だ。例えば，
名詞の前に置ける形容詞の数に上限はないとはいえ，3つ以上の形容詞を見
るのは稀だ。次の23年前の広告の例のように，12個もの形容詞を見ること
など普通はあり得ない。

Why do you think we make Nuttall's Mintoes such a devilishly smooth cool creamy minty chewy round slow velvety fresh clean solid buttery taste?

かくも悪魔的になめらかでクールでクリーミーでミントっぽく噛み応えがあり丸くてゆっくり溶けるような絹のようでフレッシュでクリーンでがっしり感のあるバター風味に，我が社がナットオール・ミントスを作っているのは，どうしてだと思います？

　あるいは，best-selling（ベストセラーの），far-reaching（広範囲に及ぶ）のような複合形容詞は，誰でも気ままに作ることができることを思い出そう。とはいえ，farmhouse fresh [taste]（「農場直送の新鮮な」風味），rain-and-stain-resisting [cloth]（「雨にもシミにも負けない」布地），all-round-the-garden [fertilizer]（「全タイプの庭用」肥料）のような複合形容詞の例を広告以外で目にすることは期待できない。1語ずつの例を見てもあまり目立たないかも知れないが，長い広告で何度も繰り返されるならば文法的特徴も分かり易いだろう。

　広告を読む時，商品の見た目を伝える製品画像やグラフィック・デザイン，色，そしてドラマチックな語彙に，いつの間にか私たちの注意は向けられている。声による広告の場合，言葉の持つリズムとメロディー（ジングルと呼ばれる），繰り返される音（'Built better by Bloggs!'「ブロッグズでベターなビルディングを！」），また俳優の魅力的な声の調子に，自然と耳は傾いてしまう。文字の場合も音声の場合も，語彙に一貫した文体的特徴を持たせるために文法が果たしている役割に人々は気づいてはいないが，実はそこが重要なのだ。ある広告，新聞記事，祈りの文句といった特殊な言語の使い方が持つ効果を説明しようとするならば，この文体に一貫性と独特の構造を与える文法的特徴に深く注意を払わなければいけない。

　だが，文体の特徴をただ記述するだけでは不十分で，どうしてそのような文体的特徴を持っているのか，その理由を説明できるかも肝心だ。歴史をひもとくのも1つの手段だ——法廷の判例や聖書にその広告の言葉遣いの元ネ

タがあるかも知れない。スポーツ実況の場合，文体の理由を説明するために
は実際に進行するプレイを観察する必要もある。広告では，販売員やマーケ
ティング集団の心の内側に入って行かねばならない。彼らの目的は4つ。

1. 消費者を広告に気づかせる
2. 読み続けたいとか聞き続けたいと思わせるように，消費者の興味をか
   き立てる
3. 消費者に商品の名前を覚えさせる
4. そして，もちろん，消費者にその商品を買わせる

つまり，より賢明な文法的アプローチこそが利益に結びつくと言える。な
ぜなら，言葉巧みに消費者の心を掴もうとする広告について，例えば次のよ
うに客観的に考えさせてくれるからだ。何かが「より良く」動く，と宣伝さ
れた場合，それ自体は特定できない比較だ。それは「何より良い」のであろ
う？　いつより良いのか？　どこより良いのか？　これは経済的言語学であ
る。文法のおかげで私たちはお金を浪費せずに済むのだから。

20 文法を説明する

　18章で，私は「（文法の）理由の探求は，文法を誰にとっても面白くワクワクするものにしてくれる」と主張した。私からそのように教わるべき子どもも，そのように教えるべき立場の教師も，すぐさま文法事項の理由を尋ね始めた。誰かが文法をうまく使えた時に誉められたり，文法を誤って非難されるたび，書き言葉であれ話し言葉であれ，他人の文法の使用が自分と違うことに気づくことでいつでも表面化する疑問，それが「どうして？」という問いだからだ。文法項目に注意が向き，その重要性が意識にのぼってきた時に浮かぶ疑問は「なぜ，どうして，そう言うの？」だ。政府の公文書や法律文書（さらに，「やさしい英語を使おう運動」が推奨する，より単純な統語構造を持つ文）の中に見覚えのない文のパターンが登場すると，文法というものがとたんに厄介なものに見えてくることがある。演説や小説の中で印象深い文に出会う（そして別の演説者や作家にライバル心を起こさせる）と，その文法構造も心に刻まれる。これらすべての場合で，どうしてそのような文法が存在するのか，また，これらすべての法則や例外則はどのように成り立ったのか，と人々は自ら問いかけるのである。

　日常生活の中で小説を読んでいる時，能弁な弁士の演説を聴く時，あるいはアマチュア演劇集団の演技を見ている時，あるいはインターネットで初めての文体に出会う時，新しい文法体験に私たちは出会う。人が日々斬新な文に出会うことを先刻ご承知の昔の規範文法家たちは，だからこそ自分たちの書く教科書に最良の作家たちの用法を掲載したのだ（本書p.74）。問題は，作家たちの用法は時にかなり複雑で，文法事項を明らかにするはずのせっかくの用例がかえって文法的説明をしづらくしてしまう点である。入門レベルの文法書ならばできる限り単純な文を例にするのが良い。けれど，逆に上級

レベルになると，大作家たちの文法的才能を楽しみながら探ることで深い洞察に至ることができる。

　「文法を楽しむ」だって？　「文法」と「楽しむ」が仲良く並ぶ文章を目にして自分の目が信じられないと思う読者は多いだろう。本書で繰り返し述べてきたように，文法という言葉に否定的な雰囲気がまといつくのは学校での不幸な学習経験のせいであって，複雑な文の羅列，数多くの人工的な例文，教条的な規則，機械的な分析，お粗末な説明こそが，罪悪感に苛まれて懺悔室で「文法は我にとって良きものなり。文法に悩むことは我が罪なり」などという告解を吐くような，凝り固まった精神を形成させたのだ。そんな心持ちでは，文法は魅惑とはまったくかけ離れたものにしかならない。

　どうしたらこのような受け止め方を改められるだろう？　興味を掻き立て，魅惑するような文例を豊かに示すしかあるまい。文法に興味を掻き立てられ，魅惑されるのは文法家だけではない。素晴らしい文例によって母語の文法を学び，自分たちの手にすでに握られていたものの価値——自分たちが知っているとは知らなかった母語の規則を実は修得していたこと——に気づき，人々は皆，文法に魅了されるのだ。幼いスージーのような子どもが文法を知っていく過程を学ぶことに興味を覚えない人に私はまだ出会ったことがない。

　文法規則がどのように働いているかを示すための例文は，想像力と興味を掻き立てるものに限る。そうした例文を通じて文法は魅惑的なものへと形を変えるのだ。特に興味深い例は，生徒からの質問，なかでも英語を外国語として学ぶ生徒たちからの質問だ。教師の説明はその質問に答えつつも，さらなる質問を生徒に促すだろう。言語学の教師たちにはそのやり方をお奨めする。新しい研究の地平がぱっと開けることだろう。

■例：二項熟語表現

　for and against（賛成と反対），ups and downs（のぼりくだり），out and about（外で働ける），by and large（だいたいにおいて）等々は，どうしてこういう言い方をするのだろう。誰も against and for，downs and ups，about and out，large and by と逆の言い方はしない。こういう表現はイディ

オム（熟語）と呼ばれるものの，それは何の説明でもなく，単にラベルに過ぎない。どうしてイディオムは決まった言い方で，それ以外の言い方をしないのだろう？こうした2語の集まりは，しかしながら，イディオムばかりではない。普段私たちはfood and drink（食事と飲み物），time and effort（時間と労力〔を費やす〕）とは言うが，drink and food，effort and timeと言ってもまったく問題はないはずだ。ならば，なぜイディオムはその順番でなければならないのだろう？

多くの研究者の関心を引いてきたこの問題について，文法家は専門用語を考案してくれた。2つの名前という意味のラテン語を利用したbinomial，すなわち**二項熟語表現**だ。同じ品詞に属する単語のペアから成り立ち，接続詞によって結ばれる。andという接続詞が最も一般的だが，butやorも用いられる。sooner or later（遅かれ早かれ），strange but true（奇妙だが真実だ）等。前置詞が用いられる例もある（rags to riches　極貧から金持ちへ，little by little　少しずつ，等）。effort and timeのように2つの要素の語順を入れ替えても良い場合は**可逆**（reversible），for and againstのように入れ替え不可能な場合は**不可逆**（irreversible）であると言う。どういう時に不可逆になるのか，つまりなぜ1つの言い方しか許さないのかという問いには，単純には答えられない。複数の要因が関係するからだ。

明らかな要因の1つは長さである。単語が長いほうが後に置かれる。この節の最初の例はすべてこの要因で説明できそうだ。すべての例で2番目の語で発音が長く，つまり子音や音節の数が多くなっている。この説明は，13章で話した原則，英語は後のほうに重いものが来るという規則にうまく叶っている。実際，数多くの二項熟語表現はこの規則に従っている。salt and vinegar（塩味＋ヴィネガー味），law and order（法と秩序），trials and tribulations（艱難辛苦），rest and relaxation（休息と安息），head and shoulders（頭と両肩），bells and whistles（鐘と笛，「よけいな添え物」），rich and famous（金持ちで有名人），terms and conditions（条件条項），out and about（外と周囲，「（元気になって）外で働ける」）。同じことは最初の語では短い母音，2番目の語では長い母音を持つ次のような例でも言える。

rank and file（横列と縦列，「兵隊たち」「ヒラの構成員」），black and white（黒白），heads and tails（頭と尻尾，「コインの表と裏」），long and short（長短），win or lose（勝とうが負けようが）。さらには2つの語はともに長母音でありながら，2番目の語では子音が多い次の例にも当てはまる。aches and pains（からだ中の節々の痛み），coal and steel（石炭と鉄鋼），short and sweet（〔お菓子が〕さくさくで甘い）。

　しかしながら，母音も子音も数も長さも同じ wine and dine（葡萄酒と食事，「酒食のもてなし」），rise and shine（起きて輝く，「元気よく起きる」）などは長さだけでは説明がつかない。また，needle and thread（針と糸），strange but true（不思議だが真実だ）のように長い語が先に来る場合もある。次の例などでは長さの違いはほんのわずかか，長さが変化することもある。back and forth（行ったり来たり），loud and clear（〔声が〕大きく鮮明）ではrの音を発音してもしなくても順番は固定している。

　ひょっとして，語の意味が関係するかもしれない。多くの二項熟語表現が意味論的な説明をされている。時間的に先立つものが前に来る例では，born and bred（誕生して育つ，「生粋の」），hand to mouth（手から口へ，「先のことを考えず」），life and death（生と死），rise and shine，kiss and make up（口づけして仲直り），hit and run（強盗して逃走，ヒットエンドラン），smash and grab（〔ショーケースを〕割って強奪），old and grey（年を取って白髪の）がある。あるいは社会的に前者のほうが後者よりも強いあるいは支配権を持つと思われる例は men and women，man and wife，mother and child，father and son，cat and mouse。もう1つの考えとして，前者のほうが後者よりもより良いという含意があるケース。cops and robbers（警官と泥棒），saints and sinners（聖者と罪人），heaven and hell（天国と地獄），win or lose，strengths and weaknesses（強さと弱さ），soap and water（石鹸とお湯），yes or no（はい，か，いいえ）。次の例では，前者が後者よりも上にある。head and shoulders，high and low（上下），hill and dale（山と谷），leaps and bounds（飛び跳ねる），ups and downs（のぼりくだり，「運の善し悪し」），above and beyond（期待以上，さらに加えて），rise and fall（の

ぼりくだり），an arm and a leg（腕と脚）。前者が後者よりも機能的に重要だという表現もある。tooth and nail（牙と爪），cloak and dagger（覆い隠す布と短剣，「諜報の」），fish and chips（フィッシュ・アンド・チップス）。牙のほうが爪より傷つける力が強い。布は短剣を隠す。チップスはつけ合わせだから。

　しかしながら，意味論的な考察では他の多くの例について説明がつかない。bread and butter，milk and honey，time and energy についてはどうだろうか。2つの事物は意味的に同じ重要性を持っているかに見える。時間はエネルギーよりも重要性が高いのだろうか？　ここには単なる長さよりも何か大きなポイントがあるようだ。すなわちリズムがある。強勢音節（下線部）と非強勢音節がどのように働くかを比べてみよう。

<u>bread</u> and <u>butter</u>	<u>butter</u> and <u>bread</u>
<u>milk</u> and <u>honey</u>	<u>honey</u> and <u>milk</u>
<u>time</u> and <u>energy</u>	<u>energy</u> and <u>time</u>

左側はすべて非強勢音節1つが2つの強音節の間に位置している。これは英語の基本（タン・タ・タン）すなわち強弱強のリズムと一致する。古典的な詩（The <u>cur</u>few <u>tolls</u> the <u>knell</u> of <u>par</u>ting <u>day</u>〔別れの日の晩鐘　鐘声響かす〕）のリズムである。右側は，リズムはもっと不均一だ。2つの強勢音節の間に2つないし3つの非強勢音節が位置している。二項熟語表現は規則的なリズムを好むようだ。

　これで多くの二項熟語表現の理由も分かったが，それでもまだ全部を説明しきれてはいない。次のような単音節のペアの例はどうなのだろうか？knife and fork（ナイフとフォーク），nuts and bolts（ナットとボルト），deaf and dumb（聾唖，「聞かざる言わざる」），black and white（黒白），beck and call（招きと呼びつけ，「意のまま」）。ここではもはや長さもリズムも意味も関係ない。黒が白より重要だとか，ボルトよりナットのほうが大切だとは言えないだろう。他の要因を考えねばならない。

　数は少ないものの，最初の語彙を，高母音【訳注：母音の種類は，発音時の

調音点と呼ばれる舌の口中での位置によって区別される。舌が上顎に近い位置の母音を高母音と呼ぶ】または前舌母音【訳注：調音点が口の前部分にある母音を前舌母音と呼ぶ】で発音したがる傾向があるように思える。deafとdumbでは，deafは前舌母音で，dumbは後舌母音で発音され，同様にknifeは前舌高母音，forkは後舌低母音である。this or that（あれやこれや），cats and dogs（猫と犬），spick and span（刺し通され紡がれ，「きれいに整っている」），ifs and buts（たられば，「言い訳」），tit for tat（軽い殴打の応酬，「売り言葉に買い言葉」），[when all's] said and done（〔すべての〕発言が為されて，「結局，とどのつまりは」）の例はすべてそれだ。

　こうした要因はそれぞれ独立して，それぞれが補強し合っている。つまり，二項熟語表現の中でも，ある語が短く，意味的に重要で，強勢規則に則って，前舌母音を含むものは，間違いなく先に位置するはずだ！　実際多くの例のなかで，複数の要因が絡み合っているのを確認できる。black and blueでは前舌の短母音であるblackが，後舌の長母音を持つblueに先んじている。同じような組み合わせがback and forth（行ったり来たり），beck and call，flesh and bones（骨肉），fast and loose（ぞんざいに），nuts and bolts，wind and rain（風雨），give and take（ギブ・アンド・テイク），big and small（大きいのと小さいの）に見られる。

　すべての要因の中でも，意味的な重要性が最も優先され，リズムがその次に優先される。しかしながら，ほとんどすべての規則を破る二項熟語表現も存在する。どうしてeyes and ears（目と耳）はears and eyesではないのだろうか？　なぜchalk and cheese（チョークとチーズ，「似て非なる」）はcheese and chalkではないのだろう？　どうしてhuff and puff（ハーハー息をする，あえぐ）であって，puff and huffでないのか？　man and boyで順番は合っているのか？　ladies and gentlemen（淑女と紳士）は（紳士淑女）でなく，bride and groom（新婦と新郎）は（新郎新婦）でなく，mom and pop（夫婦営業）やmum and dad（ママとダッド）は（お父さんお母さん）ではなく，伝統的なman and wife（夫婦），his and hers（彼と彼女の），boys and girls（男の子と女の子），brothers and sisters（兄弟姉妹）などの正反

対になっているのだろうか？

　歴史的な理由が見つかる場合もある。1回の引用文がその後の言語使用を決定づけたのかも知れないのだ。例えば，in sickness and in health（病める時も健やかなる時も）は *The Book of Common Prayers*（『聖公会祈祷書』）に由来を求められる。しかしなぜラテン語祈祷書から英語への翻訳者はこの順番にしたのだろうか？　この例は，原則をすべて破っている。in sickness のほうが長く，否定的で，強音節の間に3つも弱音節を挟むことになるといった特徴すべてが反対要因だ。sickness の高い位置の母音が，health の低い位置の母音より優先されたのだろうか？　in SICKness And in HEALTH というフレーズ全体の弱強弱強弱強というリズムが好まれたのだろうか？　16世紀にいかなる理由があったにせよ，年月をかけてこの決まり文句は固定されていった。もとは可逆であった二項熟語表現も，使われるのが頻繁だと時間とともに不可逆になっていく傾向がある。

　文学的観点からすると，不可逆的二項熟語表現は天の恵みである。なぜなら，作家はそれを逆転させることで，何らかの効果を表現に含めることが可能だからだ。だからこそ，オンラインの歴史授業で，第二次世界大戦中のライプツィヒが最初アメリカ軍によって占領されて後，ソビエト軍によって割譲された経緯について学ぶ回は 'A Matter of Take and Give'（「テイク・アンド・ギブの事態」）というタイトルによって印象に残るようにしたのだ。またホーム・コメディの長寿テレビ番組のタイトルが *The Fall and Rise of Reginald Perrin*（『レジナルド・ペリンの没落と興隆』）【訳注：「興亡」ではなく】なのも，単純だが，人の注意を引く効果がある。きちんと対応できなかった政府の失敗について語ることのできない何かに関する記事だって？　ならば 'dumb and deaf'（言わざる者，聞かざる者）。レストランのレビュー？　ならば 'dine and wine'（食事に葡萄酒）。経済的転落？　'Riches to rags'（金持ちからぼろ服へ）

　文法の研究では毎度のことだが，ここでも，分析によって何もかも説明することはできないというやや緩い結末を迎えつつある。実際多くの英文法に関する研究論文の最後に「さらなる研究を要する」という言葉が並ぶのは同

じ理由からだ。まさに学術雑誌の中にこそ私たちは英文法の物語が語られ続けるのを見るのである。そして，英文法の物語には常に2つの面がある。つまり，2通りの説明の仕方があるわけだが，1つは歴史に目を向けること，もう1つは現在の世界を見渡すこと，である。

21 文法の変化——現状

生きている言語は常に変化する。変化は，新しい社会状況，発明，ファッション，文化接触，個人の態度や意見等，あらゆるもの——端的に言えば，昨日とは違う今日の私たちを作り上げるもの——を反映する。それが気に入らない人の中には変化を防ごうとする人もいるが，うまくいく見込みはない。変化しない言語は，死んでいる言語だけだからだ。そして英語は，驚くべき世界的拡散とインターネットの存在によって，他の言語よりも変化の度合いが大きい。

ジョンソン博士は言語変化が不可避であることをよく理解していて，『英語辞典』の序文で，言語を固定させようとする人たちは，「理性によっても経験によっても正当化できない」，つまり「無駄な足掻き」をしようとしていると述べている。言語変化は不可避であるというのは重要な観点で，特に子どもたちにとって，言語使用に選択肢があることはややこしく，試験で減点されるのではという不安の種にもなるから，説明が必要だ。ここで，教師が重要な役割を担う。教師は，言語変化が当然であることや，その変化から生じる選択肢を，学校教育の現場で子どもに教える。なぜなら，変化は，さまざまな方法かつ程度で社会のあらゆる部分に影響を及ぼすからだ。アメリカ英語に影響を及ぼす文法変化は，イギリス英語より早い段階で，かつ速いスピードで起こるかもしれないし，その反対かもしれない。変化は書き言葉では起こらずに話し言葉では起こるかもしれない，文語的な書き言葉では起こらず口語的な書き言葉では起こり，年配者よりも若者たちの間で，男性よりも女性の間で先に起こるかもしれない，等々。変化の理由を理解し，変化が起こる社会的状況の違いを探り，異なる文体効果に対する感覚を磨き，そして子どもや保護者にとっては重要なことだが，なぜ，ある語法のほうが別

の語法より良い点数を取れるのか，理解する必要がある。

　言語変化を最も顕著に示すのは語彙である。例年，新しく辞書の見出し語になって意味が定義づけられる単語がニュースとなる。マスコミが注目すれば，新語は一夜にしてその言語に定着する。1957年10月4日に，sputnik（スプートニク）【訳注：旧ソ連の第1号人工衛星で世界初の成功例，原義は「(地球の)旅の連れ」】という単語を耳にした人は英語圏にはほとんどいなかっただろうが，翌10月5日には皆が知っていた。

　文法上の変化は注目を集めるものではなく，一夜，いや，一年経っても定着しないが，長い目で見れば語彙よりも普及力がある。1957年に感知されず起こっていた文法変化は，今では言語規則の一部であり，sputnikという単語が過去の遺物になったのとは対照的に，皆に影響を及ぼし使用されている。

　例えば，ゆっくりと起こっている文法変化の例として，今までは進行形で用いてこなかった動詞を，特に現在時制，そして話し言葉において，徐々に進行形で使うようになってきていることが挙げられる。We have to address the issues（我々は問題点を述べなければならない）の代わりにWe're having to address the issuesやYou live in London now?（今，ロンドンで暮らしているの？）の代わりにYou're living in London now?のように。マクドナルドのような会社が宣伝文句でこの用法を使いだすと（i'm lovin' it），語法におけるこの流れが確立されたことが明確になる。1世代前はI love itだったが，今ではどこでも進行形を見かける。朝に食べるシリアルの箱は，私にFeel creative?（何かやれそう？）ではなくFeeling creative?と尋ねてくる。

　これが一般的な変化であって例外的な文体上の特異な表現でないと，どうして分かるのか。この用法を直感的に正しいと思っても，言語全体に影響を与えていると言い切るほどの言語経験を持っている人はいないだろう。だから，以前は進行形を取らなかった数多くの動詞について，アメリカ英語やイギリス英語，その他の英語圏において，幅広い分野の話し言葉や書き言葉で同じ変化が起こっていないか調査することが必要になる。そこで**コーパス研究**（corpus studies）が本領を発揮する。

🗝️ キーワード：コーパス corpus

コーパスとは，ある特定の時期や場所，ジャンル（フィクションや学術論文，新聞記事，法律文書，会話，手紙等）を代表する話し言葉または書き言葉の用例を大量に集めたもののことだ。上記で示したような事例を明らかにするには，何億語もの単語を含む最大規模のコーパスが必要となる。小さなコーパスは1960年代から入手可能だったが，大きなコーパスは，大容量データを保存し，高速で検索をかけ，検索結果をデジタル上で保存・訂正するのを可能にするコンピュータ時代の到来を待たねばならなかった。コーパス研究は，ワクワクする研究分野だが，まだ始まったばかりだ。

では，もう少し詳しく上記の例を見てみよう。50年前には進行形を取ら・・・なかった状態動詞はどれか。コーパス研究によれば，ほとんどの場合，人々は以下のように言っていたことが分かる。

I want a new fridge.　私は新しい冷蔵庫が欲しい。

I intend to apply for a new job.

私は新しい仕事に応募するつもりだ。

I need a new coat.　私は新しいコートが必要だ。

It concerns me a lot.　それは私に大いに関係がある。

It matters to me greatly.　それは私にとって非常に意味がある。

I think I should go.　私，行くべきよね。

I know the answer.　私は答えを知っている。

上記は，文法的に問題なく普通に使用する用例だが，今日では，以下のような英文をよく耳にする。

I'm wanting a new fridge.

I'm intending to apply for a new job.

I'm needing a new coat.

It's concerning me a lot.

It's mattering to me greatly.

I'm thinking I should go.

今，まさに起こっている文法変化なので，wantingは大丈夫だがneedingは
おかしいと感じる人もいれば，逆に感じる人もいるであろうし，両方使う人，
どちらも使わない人もいるであろう。最後の例I know the answerに進行
形が列挙されていないことに気づいたと思うが，それは，knowという動詞が，
この変化に最も抵抗を示す動詞の1つだからだ。コーパスの中には，ほとん
ど用例がない。が，使われだしてはいる。例えばインドでは，この用法がす
でに確立しているし，20年も経てばイギリス英語・アメリカ英語どちらに
おいても完全に普通の用法になっているのではと私は考える。

　変化には時間がかかる。初めは，knowingと聞いたり読んだりすると，
不快に感じるかもしれない。だが，しばらくすると，自分では敢えて使わな
いかもしれないが，聞いたり読んだりしても気にならなくなるかもしれない。
やがて，この用法が広がっていくにつれ，自分も使っていることに気づく。

　より微細な文法的変化は，助動詞mustの用法に見られる。もし私が，

　You must leave immediately.　すぐに立ち去りなさい。

と言えば，私のほうがあなたより権威があり，あなたは従わなければならな
い。このmustは，ある社会階級の人間が別の社会階級の人間に「〇〇すべし」
と言える，力関係と秩序によって支配されている社会においては，何の問題
もない用法だ。つまり，規範文法的な単語である，ということだ。

　それゆえ，18世紀および19世紀にはとてもよく使われたが，社会の変化
とともに義務の力を弱めた別の表現が使われるようになり，20世紀にはgot
to（gotta）やhave to（hafta）等が非常によく使われるようになった。

You have to leave immediately.

You've got to leave immediately.

You ought to leave immediately.

You'd better leave immediately.

上記の用例は，より個人的，より助言的，より友好的な語調で，場合によっ
ては謝罪的なニュアンスを含む場合もある。

　同じ変化は，mustの他の用法にも起こっている。もし私が，

I must say you're doing the wrong thing.
あなたは間違ったことをしていると言わなければなりません。

と宣言すれば，mustに義務の意味はなく，あなたの行動に納得せず，意見
の相違を我慢しない私の気持ちを表す。だが，もし私が，

I have to say you're doing the wrong thing.

と言えば，別の，気乗りしない私の気持ちを伝えることになり，私の主観的
関与が弱められる。

　この2つの用法によって，人は平等であり，相手の立場に立って物事を見
ようという，英語圏社会における社会的・心理的変化を実感できる。アメリ
カでは，南北戦争の頃，急激にmustの使用が減少し，have toの使用が増
加した。いずれにせよ，統計的事実は明白だ。1960年から1990年までの
mustの使用例は，Diachronic Corpus of Present-Day Spoken English（現
代話し言葉英語の通時的コーパス）を使って調査したところ，51パーセント
減少した。要するに，私たちはますますこの単語を使わなくなっているのだ。

　このような変化はゆっくりとしたものであり，そうであるべきでもある。
文法とは，私たちがお互いに意味を伝えるための手段であり，速すぎる変化
はそれを不可能にしてしまうだろう。なので，親と子の間では，それほど大
きな文法上の違いを見ることはあまり期待できない。しかし，時代をずっと
遡ればそれだけ，違いは明確になってくる。祖父母のそのまた祖父母の世代
くらいにまで遡れば，今日では不可能な文法上の用法があることに気づく。
そして，祖父母の20世代以上前，アングロ・サクソン時代の始まりまで遡っ
たなら，さて，その変化は果してどのようなものだろうか。

　文法の変化は，定期的に風刺作家の興味を引く。『パンチ』誌は1924年3月19日号290ページで，いくつも皮肉を投げかけて議論を炎上させた。純正英語協会（The Society for Pure English）【訳注：1913年に作家や研究者が，世界に広がりつつある当時の英語に対して，英語母語者の英国民が責任を持つ必要があるという考えから設立。正しい英語の用法を維持しようとするのが目的】が，外国語の複数形の使用を控えるように提言したからだ。以下の詩は，ラテン語やギリシア語の複数形が英語で多用されている当時の世相を皮肉っている。

　　複数形agenda（アジェンダ）への
　　変更は勧めないし
　　注意深く作成されたmemoranda（覚え書き）の
　　リストも分かるし
　　不注意な出版社のerrata（間違い）は
　　削除できないし
　　でも，gymnasia（体育館）という人は
　　失語症に罹されますように！
　　この狂気を止めなければ
　　gerania（ゼラニウム）を栽培することになる。
　　庭の土を掘る庭師のほうが
　　我々よりもラテン語を多く知っている。
　　我々は，彼らがgea（ダイコンソウ）を
　　musea（ミューズの神々の神殿〔博物館〕）の庭に植え，
　　scillae（ルツボの花）をnarcissi（スイセン）とcroci（クロッカス）の

loci（場所）に植えるのを見る。

我々は animalia（動物）について話す。

我々のオーストラリアから来た親戚が

ヴィクトリア駅に到着すると

camerae（カメラ）と

絹の umbrellas（傘）ではなく umbrellae を買って

emporia（百貨店）の邪魔になる。

さて，もしこのような表現がなくならないと，

教育を受けていない人たちの間で

あらゆる us（私たちを）が i（私は）になり，

omnibus（乗り合いバス）が omnibi になってしまうだろう。

我々のだれもが

hippopotamuses（カバ）と言うのに満足し，

うち何人かは少なくとも

もし sphinxes（スフィンクス）が sphinges になれば

東方の門の蝶番が軋んで錆びつく音を感じるだろう。

もし我々が無駄遣いをやめて

rhinoceroses（サイ）を維持しなければ，

ダーダネルス（ヘレスポントス）海峡が

ギリシア語 rhinocerontes でいっぱいになり，

皆，そこを泳ぐのに必死になることだろう。

そして，我々の祖先の英語が

よそ者の所有物になれば，

かつては俗語（vulgar）でしかなかった英語は

ラテン語，ギリシア語，Bulgar（ブルガリア語〔vulgar に掛けている〕）と

見分けがつかなくなってしまうだろう。

22 文法の変化──かつての状況

英語が成立して以来，どれほどの文法変化があったのだろうか。7世紀から11世紀の写本に残されている古英語を読むと，とんでもなく大きな変化があったというのが一般的な印象だ。だが，それらの変化に惑わされて，英語の継続性を見失う訳にはいかない。古英語を初めて読む者はまるで英語ではないような印象を受けるが，それは見慣れないアルファベットのせいであり，また，ほとんどの古英語の語彙が消滅してしまったことも原因だ。これらの要因を無視して文法に注目すれば，今日まで続く統語的継続性を見てとることができる。

■古英語（～1100年頃）

1000年頃に修道院長アルフリッチによって書かれた，職業に関する会話を見てみよう（þの文字はthの音を表わし，æの文字は例えばcatという単語の母音aの音と同じ音を表す）。

> Ic eom geanwyrde monuc, ond sincge ælce dæg seofon tida mid gebroþrum.
> = I am professed monk, and sing each day seven times with brothers.
> 私は宣誓修道士で，兄弟たちと共に日に7回歌う。

現代英語の逐語訳には，冠詞aとtheにあたる語が見られない。現代英語ではI am *a* professed monk, and sing each day seven times with *the* brothersとそれぞれイタリック体で表記した冠詞が必要となるだろう。また，単語の語尾は馴染みのないものだ。しかし，語順を見れば，この文が文法的

に現代の英語と同じ言語で書かれていると分かる。

　もっと長い例文を見てみよう。890年代前半にアルフレッド大王がウスターの司教ウェルフェルスに宛てた手紙からの抜粋で，イングランドにおけるキリスト教の現状を大王の時代とそれ以前とで比較し，ヴァイキングによる破壊のせいで学問が衰退してしまったことを嘆いている文章だ。今回の例も，現代英語での逐語訳を同時に提示する（ðの文字はthの音を表す別の文字であり，ʒの文字はgの音の柔らかい（摩擦の）音を表す）。

swa clæne heo wæs oþfeallenu on Angel-cynne

= so completely it was fallen-off in England

完膚なきまでにそれ（＝学問）がイングランドでは廃れてしまったので

þæt swiðe feawa wæron beheonan Humbre

= that very few were this-side Humber

ハンバー川のこちら側ではほどんどいない

þe hira þeʒnunga cuðen understandan on Englisc

= who their service-books could understand in English

英語で祈祷書を理解できる者が

oþþe furðum an ærendʒewrit of Lædene on Englisc areccan,

= or even one written-message from Latin into Egnlish traslate,

あるいは，１文をラテン語から英語へ翻訳さえ（できる者が），

and ic wene þætte naht maniʒe beʒeondan Humbre næren.

= and I think that not many beyond Humber weren't.

そして余は，ハンバー川の向こう側にも多くはいないと考える。

先ほどより多くの違いが明らかになるが，言語は間違いなく英語であり，節の最後に動詞が来るという明らかなゲルマン語の特徴（現代ドイツ語でも同様に見られる）もある。

　ここで注意すべきは，文法変化の傾向を考察する場合，散文から始めるのがよいということだ。詩の場合，１行を決まった長さと韻律で整えなければならない関係で，語順を変えることがある。そのため，当時の文法が実際よ

りもはるかに現在とは異なるように見えてしまう。詩は，文法が規則を逸脱
してどれほど創造的になれるかを教えてくれるが，規則自体がどのようなも
のかを知る手がかりとしては頼りない。

　さて，では，もしアングロ・サクソン時代のイングランドへタイムトラベ
ルして，現代英語を話す私たちが古英語を話すベーオウルフ【訳註：現存す
る最古の英文学作品で，古英語で書かれた英雄叙事詩『ベーオウルフ』の主人公】
と出会ったとしたら，お互い意思疎通ができるだろうか。語彙にはどちらも
苦労するだろう。彼のほうは，フランス語やラテン語起源の現代の語彙を調
べるために辞書が必要になり，私たちのほうは，失われて久しいゲルマン語
由来の単語を調べる辞書が必要になるだろう。また，お互いが相手のアクセ
ントに慣れる必要もある。しかし，文を構築して文法理解の鍵となる語の大
部分は，それほど，場合によってはまったく変化していないので，どちらも
理解できるはずだ。上記アルフレッド大王の引用からは，例えば wæs,
and，on，of，þæt といった単語を，また他の箇所からも私たちがすぐに理
解できる me，we，to，is といった単語を見つけることができる。私たちは,
naht（発音「ナハトゥ」）‘not’，ic（「イッチ」）‘I’，eow（「エオウ」）‘you’,
hu（「フー」）‘how’ といった今とは違う発音に慣れる必要があり，ベーオ
ウルフのほうはいったい語尾や接頭辞はどうなったのかと不思議に思うだろ
う。古英語には語尾の付いた wæron（「ウァーロン」）‘were’ や，否定の接
頭辞 n- が付いて ‘weren’t’ を意味する næren（「ナァーレン」）があるのに。
だが，どちらもお互いの文の基本的な構造には馴染みがあると感じるはずだ。

　ベーオウルフよりも私たちのほうが大変だろう。古英語文法においては語
尾の屈折が重要な要素だったが，現代英語にはほとんど現れない。屈折がな
いことにベーオウルフは気づくだろうが，現代英語の文の語順のおかげで言
われていることの意味を摑むことは可能だ。が，私たちにとっては簡単では
ない。もし，語尾に注意を払わなかったら，ベーオウルフが言うことを間違っ
て解釈してしまうかもしれない。もし彼が，‘the lady saw the man’ とい
う意味のことを言いたい場合，誰が何を誰に対して行っているのかを語尾に
よって表すことができ，語順は気にしなくてもいい。現代英語の語順と同じ

ように,

> seo hlæfdige seah þone guman　その奥方はその男を見た
> = the lady saw the man

と言ってもいいし，基本的には（写本にすべての語順が書き残されているわけではないが）語順を変えて：

> þone guman seah seo hlæfdige
> seah þone guman seo hlæfdige
> seah seo hlæfdige þone guman

等と言うこともできる。どれもすべて同じ意味を表す。語尾を見れば，「誰が何を誰にしているか」を理解することができる。5章で見た伝統的な格の用語を用いれば，seoの語形とhlæfdigeに語尾がないことで主格であることが分かり，þoneの語形とgumanの語尾で対格であることが分かるからだ。そして，このことは，'the man saw the lady' という意味の文を見れば間違いないと確認される。それは，

> se guma seah þa hlæfdigan　その男はその奥方を見た
> = the man saw the lady

となり，定冠詞の語形と名詞の語尾が変わっている。ここではgumaが主格でhlæfdigeが対格になっている。

　私たちの耳がこれらの語尾の重要性に順応するには長い時間がかかるだろう。だが，たとえこれら名詞の語尾やそれに呼応する形容詞や動詞の語尾に気づかなくても，言われていることの要点を掴むことは多分できるはずだ。そして，もし私たちがこれら語尾を正しく使わないまま古英語を話そうとしても，ベーオウルフはたいてい理解するだろう。私自身，ドイツ語などの言語を話す時によく語尾を間違えるが，奇妙な顔はされても言いたいことは大概分かってもらえる。

■中英語（1100年頃〜1500年頃）

　現在へ向かってタイムトラベルを続ければ，屈折語尾はやがて問題になら
なくなることが分かるだろう。アングロ・サクソン時代が終わるまでには，
ほとんどの語尾は徐々に消えつつあり，今日のように語順が文法上の関係性
を表す主な印となっていた。1400年頃のチョーサーを訪ねて，彼が息子に
どのように科学を教えているのか聞いてみれば，私たちが耳にするのは次の
ような英語だろう。

> Lyte Lowys my sone, I aperceyve wel by certeyne evydences thyn
> abilite to lerne sciences touching nombres and proporciouns; and
> as wel considre I thy besy praier in special to lerne the tretys of
> the Astrelabie.

これは，天文学のための計算機器についての *Treatise on the Astrolabe*（「ア
ストロラーベに関する論文」F. N. ロビンソン版より）の出だしの文である。ス
ペリングのいくつかはフランス語の影響で馴染みがなく，単語の中には今日
の意味とは少し違う意味を表す単語もあるが，現代英語の単語の形で置き換
えれば，今日私たちが言うのに近い文章になる。

> Little Lewis my son, I perceive well by certain evidences thine
> ability to learn sciences touching numbers and proportions; and as
> well consider I thy busy [anxious] prayer in special to learn the
> treatise of the Astrolabe.
> 小さなルイ，息子よ，数字と比例に関するお前の学習能力はよく理解し
> ているし，アストロラーベに関する論文を特に学習したいと願っている
> ことも考慮している。

違いは明らかで小さい。標準英語では，もはやevidenceは複数形では用い
られない（英語を第二言語として使用する人たちの話し言葉では再び使われだし
ているが）。今ではconsider Iとは言わず，in specialの代わりにspecially
またはespecially，thyとthineはyourに置き換えられる。これくらいだ。

もっと文献を調べれば，もう少し顕著な中英語文法の特徴が現れる。例えば，動詞では，後の時代に消えてしまう語尾がまだ使われている。例としてsing を見てみると，一人称形は singe（'I sing'），二人称形は（thou）singes または singest，三人称形は singes または singeth。異綴りは地域差を反映する。三人称の -s 語尾はイングランド北部では広範囲に及び，後になってやっと南部に浸透して現在の標準形になった。そして，今でもあるように不規則形の動詞が多くあり，現代英語の形とは異なる。中英語を読む際の最大の難点は，発音の地域差や，写字生たちの個人的用法が原因の，あまりにも多い異綴りにある。ある場所では help と書かれる単語は，別の場所では halp，healp，heolp，elp 等々の形で表れる。

　中英語文法は完全に消滅してしまった訳ではない。クリスマス・キャロルを詠う人々は，疑問に思わず古い動詞の過去分詞語尾を使っている。

> E'en so here below, below,
>
> Let steeple bells be swungen,
>
> And 'Io, io, io!'
>
> By priest and people sungen.
>
> そして低き地上のここでも，
>
> 尖塔の鐘を揺らしましょう，
>
> イオ，イオ，イオ！と，
>
> 司祭と人々に歌わせましょう。

そして三人称単数語尾 -th は，20世紀の文学作品の中にも使われるし，現在でも新聞の見出しやテレビ番組のタイトル等で見ることがある（本書 p.124）。

■初期近代英語（1500年頃〜1800年頃）

　もし中英語が文法的に現代人の目に馴染みがあるならば，初期近代英語はもっと馴染みがある。初期近代英語は，15世紀半ばからの300年ほどの期間，つまり，おおよそ，イギリスに印刷術が導入された（1476年）時期あたりからジョンソン博士（1784年没）が生きていた頃までの期間の英語という

ことになる。この300年間のちょうど真ん中で出会うのがシェイクスピアだ。タイムトラベルを続けて彼に遭遇したら，何の問題もなく文法を理解できるだろうか。

　大部分は大丈夫だろう。シェイクスピアの散文作品を1ページずつ読み進めても違いに気づかないが，詩は別だ。詩の場合，常に韻律に合うように文を構築しないといけないので語順がおかしくなる。『ロミオとジュリエット』第1幕第4場で妖精の女王マブが，己の望みを夢に見る魔法を人にかけていく様子を，マーキューシオは韻律に沿って，動詞が行末に来るように統語的変更を行っている。

　　O'er ladies' lips, who straight on kisses dream,
　　Which oft the angry Mab with blisters plagues,
　　Because their breaths with sweetmeats tainted are.
　　ご婦人たちの唇に，彼女たちはたちまちキスの夢を見る，
　　ただし，腹を立てたマブは唇をただれさせる魔法をかけることもある，
　　砂糖菓子の匂いが彼女たちの息にまじっていると。

　語尾も韻律によって変えられる。『ヘンリー6世第2部』第2幕第4場でグロスター公爵夫人が政敵の1人を貶めて言う時，古い三人称単数語尾と新しい語尾の両方が使われていることに気づくが，それは-ethの語尾がその行に要求される音の数を提供するからだ。

　　For Suffolk, he that can do all in all
　　With her that hateth thee and hates us all
　　なぜならサフォーク，あの者は何でもできるのです，
　　あなたと私たちすべてを憎む王妃と結託して

両方の語尾が使用可能なので，これは綺麗な弱強五歩格【訳注：1行が10音節で構成され，強勢の順番が弱強弱強弱弱強弱強となるように配置されている韻律のこと】になっている。だが，シェイクスピアの時代にはすでに-eth語尾は消滅しかけており，1世紀後には，意図的に古めかしい語法を使う場合

以外には，まったく現れなくなる。

　散文の会話の場合は，詩の場合のような問題はない。『ヘンリー4世第1部』
第2幕第2場で，ハル王子とフォルスタッフ，そして彼の仲間たちの会話では，

> PRINCE HAL: Sirs, you four shall front them in the narrow lane.
> Ned Poins and I will walk lower —— if they scape from your
> encounter, then they light on us.
> PETO: How many be there of them?
> GADSHILL: Some eight or ten.
> FALSTAFF: Zounds, will they not rob us?
> PRINCE HAL: What, a coward, Sir John Paunch?
> FALSTAFF: Indeed, I am not John of Gaunt your grandfather, but
> yet no coward, Hal.
> PRINCE HAL: Well, we leave that to the proof.
> POINS: Sirrah Jack, thy horse stands behind the hedge. When thou
> needest him, there thou shalt find him. Farewell, and stand fast!

> ハル王子：いいか，おまえたち4人はこの狭い路地で奴らに立ちふさが
> るんだ。ネッド・ポインズと俺はもう少し先に行く。かりに奴らがお
> まえたちから逃れても，俺たちのところに来るんだ。
> ピートー：何人くらいいる？
> ギャッズヒル：8人か10人ってとこだ。
> フォルスタッフ：じゃあ，奴らが俺たちから奪うってことはないか？
> ハル王子：何だ，臆病風に吹かれたか，ジョン・太っちょ卿？
> フォルスタッフ：確かに，俺はおまえの祖父さんのジョン・やせっぽち
> 公じゃないが，臆病者ではないぞ，ハル。
> ハル王子：まあ，それは試してみれば分かる。
> ポインズ：おい，ジョン，おまえの馬は生垣の裏手に繋いである。必要
> なら，そこで見つかるはずだ。じゃあな，しっかりやれよ！

escape の代わりに scape，今では使われない sirrah や zounds といった単語

が現れるが，文法においては，現代英語との違いで唯一目に付くのはthou
とthyが使われており，それに呼応してneedest, shaltという動詞形が使わ
れていることだけだ。これは実は重要な点で，二人称代名詞単数thouと複
数youのどちらを使うかで，劇中の登場人物の人間関係がよく理解できる（こ
の後の「閑話休題 その8」を参照）。もしこの違いを見落とせば，会話の中で
の人間関係が理解できなくなる。現代英語では，thouは宗教的な場面や子
ども向けのコミック，歴史物，そして地域方言でよく使用されるので，馴染
みのある古い用法として認識できる。

　シェイクスピアを読むと出会う文法上の難点は，ほとんどの場合，現在で
は非標準的な用法と見なされるが，言われていることは完全に理解できる。'My
old bones aches'（『テンペスト』第3幕第3場）で複数の主語に対して動詞
が単数であったり，現代英語の用法では認められない二重否定や二重最上級，
二重比較級が使われていたり，ちらほらと古い動詞の過去形（helpedではな
くholp，dugではなくdigged，wroteではなくwrit）やmusics, courages,
informations等の古い複数形に出会うが，これらの用法はどれも作品理解
の妨げにはならない。

　いわゆる「心性的与格」と呼ばれる用法でさえ問題にならない。これは，'to'
や'for'の意味合いを持たせるために動詞の後に人称代名詞が用いられる
用法のことである。『ジョン王』第3幕第4場での'John lays you plots'は，
'John lays plots for you to fall into'（ジョンはあなたのために悪事を企て）
を実際には意味する。これは，現在ではほとんど用いられない用法であり，
そうと知らなければ誤った解釈をしてしまうだろう。しかし，シェイクス
ピアの時代においてすでに，この用法は廃れかけていた。『じゃじゃ馬ならし』
第1幕第2場で，いつもご主人様ペトルーチオの文法を間違って理解してし
まうグルーミオは，

PETRUCHIO: Here, sirrah Grumio, knock, I say.

GRUMIO: Knock, sir? Whom should I knock? Is there any man has
　　rebused your worship?

PETRUCHIO: Villain, I say, knock me here soundly.

GRUMIO: Knock you here, sir? Why, sir, what am I, sir, that I should knock you here, sir?

PETRUCHIO: Villain, I say, knock me at this gate, And rap me well, or I'll knock your knave's pate.

GRUMIO: My master is grown quarrelsome. I should knock you first, And then I know after who comes by the worst.

ペトルーチオ：おい，グルーミオ，叩け。

グルーミオ：叩く？誰を叩くんで，旦那様？誰か旦那様にヒツ礼なまねでもしたんですか？

ペトルーチオ：馬鹿野郎，ここに来て力いっぱい叩けと言ってるんだ。

グルーミオ：そこへ行ってですか，旦那様？旦那様を叩かにゃならんって，そりゃあ，どういうことです？

ペトルーチオ：馬鹿野郎，この門を叩けと言ってるんだ。しっかり叩けよ，じゃなければおまえのお馬鹿な頭をぶっ叩くぞ。

グルーミオ：ご主人様は気短かだ。まずは旦那様を叩いて，そしたらどうなることやら。

ペトルーチオが 'Knock me here' という時，それは 'Knock on the door for me'（俺の代わりにドアを叩け）という意味なのだが，グルーミオはそれを，現代英語でそうであるように 'Hit me here'（俺をここで叩きのめせ）だと解釈してしまう。

　初期近代英語期までには，文法変化の意味合いが変わっていた。古英語を読む時，屈折語尾や語順など現代英文法との違いから意味が理解できないので，「文法が変化した」と認識する。だが，時代をくだって初期近代英語を読むようになると，それまでの違いとは異なり，今日の標準現代英語では認められない，あるいは「正しくない」用法を目にして，「文法が変化した」と認識する。ときどき，シェイクスピアの「悪い文法」に対するコメントを見かけるが，その行為は，現代標準英語の文法を何の正当性もなく当てはめ

ているだけにすぎない。16世紀には，nor neverという用法が「間違い」であるとは，誰も思わなかったであろう。エリザベス1世は，1566年に議会への答弁の中で，以下のように述べている。

At this present it is not convenient, nor never shall be without some peril unto you, and certain danger unto me.
現時点において，それ（汝らの陳情書）は適切ではなく，汝らに降りかかる危険，我が身への危険なしには収まらない。

この用法に対する批判はずっと後の時代，王も女王も例外なく，規範文法家が槍玉に挙げて教養ある用法から排除するのに成功した時に登場した。

　ということはつまり，18世紀までには文法は現在の形になっていたということなのか。いや，完全にそうとは言い切れないのだ。

　言語というものは，再三お互いに借り合いっこする——たいてい語彙においてだが，時には文法においても。中世の時代，ノルマン征服後，イギリスにおいてフランス語教育を受けた支配階級の人間は，語尾に-sを付けた属格用法の代替として前置詞ofを使う用法の発展に影響を与え，結果，当時の人はthe queen's daughterという表現に並んでthe daughter of the queenという表現を使うようになった。そして，フランス語では敬意を表する相手に対して，「あなた」単数の人称代名詞tuでは呼びかけず，複数形の人称代名詞vousを使うので，英語でも単数二人称thou形（thou，thee，thy，thine，thyself）と複数二人称you形（you，your，yours，yourself，youselves）の間で同じような用法の変化が起こった。その結果，新しい文体的対比が生じたのだ。

　シェイクスピアの作品では，登場人物が相手への呼びかけをthouからyouへと，あるいはその逆へと変更すると，人間関係の親密度に変化が生じる。ハムレットがオフィーリアに対して‘I love you not.’（「あなたを愛していません」）と言う時，上流階級の間で求められる丁寧な言動を保っているが，次の瞬間には‘Get thee to a nunnery.’（「尼僧院へ行け」）とぞんざいな言い方になって，2人の関係をぶち壊してしまう（第3幕第1場）。人称代名詞を変えると態度の変化や関係性の変化を示唆することになるのだ。『から騒ぎ』第4幕第1場では，ベネディックが恋人ベアトリスに対して‘By this hand, I love thee.’（この手にかけてきみを愛している）と言うが，その彼女のためにクローディオと決闘することを決めると，騎士として貴婦人に接する丁寧な態度をとって‘I will kiss your hand, and so I leave you.’（あなたの手にキスを，そしてお別れします）と言う。『リア王』第1幕第1場では逆の言い換え

が見られる。リア王は，末娘コーディリアに対して丁寧に'What can <u>you</u> say?'（「娘よ，何を言う？」）と話しかけたが，娘の答えが気に入らないと'<u>Thy</u> truth then be <u>thy</u> dower.'（「おまえの正直さがおまえの持参金だ。」）と腹を立てる。

　そして，『ヴェニスの商人』第2幕第2場では，目の見えなくなったゴッボが，見ず知らずの人間だと思っていた人物が実は自分の息子だと分かった時，呼び方を適切に変える。

　I cannot think <u>you</u> are my son.　あなたが私の息子だとは思えない。
　<u>Thou</u> art mine own flesh and blood.　おまえは私自身の血肉だ。

23 文法の変化——この200年あまり

　詩人ジョン・キーツが1819年9月5日付で出版者ジョン・テイラーに出
した手紙には，

> Had I known of your illness I should not of written in such fierry
> phrase in my first Letter.
> もしあなたの病気のことを知っていたら，先の手紙であれほど怒りにま
> かせて書かなかったでしょう。

とあるが，私たちは，彼のような偉大な詩人が "should not of written"
などと書くだろうか，単なる間違いではないか，なぜなら後に彼は "You
should not have delayed" と書いているのだから，と思う。興味深いのは，
このような混乱が200年前に起こっていたということだ。前置詞ofと，強
勢を持たない助動詞haveはofと綴られて，同音として認識されていた。
　後世に残っている文章は，訂正されたものがほとんどなので，上記のよう
な事例を見つけることはあまりない。例えば，上記の例は，キーツの手紙の
オンライン版（the Gutenburg online text）では，何の断りもなくofがhave
に変更されている。著者が実際に書いた通りに読みたいなら，私たちは手稿
を見なければならない。19世紀初期は特に，成立してそれほどまだ時間が経っ
ていなかった規範文法の規則に神経質になっていた編集者・出版者が，出版
する際に黙って訂正する傾向にあった。12章で見たように，この時期はリ
ンドリー・マリーの文法書が学校教育現場でのすべてだった。なので，例え
ば我々がジェーン・オースティンの小説を読む時，それは彼女が書いた通り
にではなく，社会が文法規則に従いはじめたそのありさまに敏感になり過ぎ
た当時の出版社が彼女にこのように書いて欲しかったと望んだ文章を，読ん

でいるのだ。

■2世紀前

　キーツやその他の執筆者の用法を調べれば，過去200年，文法変化はほとんど起こっていないということが分かる。この点から見れば，キーツの著作の大部分は文法的には読むのも大して苦にならない。彼が1818年に出した手紙の冒頭を見ると，それが今日書かれたものだと言われても何の不思議もない（風変わりなスペリングと発音を無視すれば）。

> My dear Madam ——
> It was a great regret to me that I should leave all my friends, just at the moment when I might have helped to soften away the time for them. *I wanted not* to leave my Brother Tom, but more especially, believe me, I should like to have remained near you, were it but for an atom of consolation, after parting with so dear a daughter; My brother George *has ever been* more than a brother to me, ...
>
> 親愛なる貴女へ
> 我が親友皆にとって慰めとなったかもしれない時に去らなければならなかったことはとても残念でした。我が弟トムと別れたくはなかったのですが，それ以上に，どうかお信じ下さい，貴女と別れたくなかったのです，とても愛しい娘との別れの後の慰めの欠片を別にすれば。我が弟ジョージは常に，私にとって弟以上の存在でした，……

動詞の後に来るnotが最も目に付く用法上の特徴で，彼の他の手紙にも見ることができる。それに比べると目立たないのが，副詞everだ。現在ではこのように使われないが，キーツは副詞を，I am well disappointed（とても残念です）やI was much disappointedのように助動詞と過去分詞の間でよく使っている。

　彼の動詞用法は現代英語の用法に非常に近いが，ときどきまったく同じという訳ではない用例に出会う（以下の例は1818年から1820年のもの）。

I have been returned from Winchester this fortnight.
この２週間ウィンチェスターから戻っている。

I wonder your brother don't put ...
あなたのお兄さんが……投稿しやしないのかと思って……

現代英語の用法では，上記１例目は have been home，２例目は doesn't put
となる。また，名詞句の作り方も現代英語と違う場合がある。

When none such troubles oppress me ...
そのような困難が私に降りかからなければ……

You see what a many words it requires ...
どれほど多くの言葉を……が必要とするかお分かりでしょう

I could not make out I had so many acquaintance ...
こんなに多くの知り合いがいるとは認識できなかった……

現代英語では，１例目は none of such troubles，２例目は many a word，３
例目は plenty of acquaintances となるだろう。また，現代英語のものだと
よく言われる用法の予期せぬ先取りが見られる。例えば，They saw me の
代わりに They saw myself のように強調の再帰代名詞を使う用法を嫌う人
たちは，これを現代の用法だと言うが，実際にはキーツも使っていた。

As far as they regard myself I can despise all events.
私だけのことであれば，すべての出来事を毛嫌いできる。

■１世紀前

　私の祖父母は児童文学作家の E. ネズビット（1924年没）と同世代で，彼
らのそのまた祖父母はキーツ（1821年没）と同世代であった。20世紀の最
初の10年に本を読みはじめた子どもは誰でも，ネズビットの作品の大ファ

ンになり（この本の冒頭でも引用している〔p.xiv〕），彼女の作品は今でも読まれているので，今の用法とは違う英文法の特徴は，耳にすることはなくなったとしても，読めば直感的に理解できるはずだ。*Five Children and It*（1902）（邦訳『砂の妖精』福音館書店）の冒頭，子どもたちがカントリーハウスに着いたシーンを見てみると，

> *Everyone* got *its* legs kicked or *its* feet trodden on in the scramble to get out of the carriage ...
> 誰もが足を蹴り合い踏みつけ合って転がるように馬車から下りた……

どうやら，everyone をどの代名詞で受けるかというのは，現在同様，当時も困った問題だったようだ。他にも，1世紀前の他の作品に現代とは異なる用法が散見される。例えば，

> on account of me being going to make a respectable young man happy ...
> 私が立派な若者を幸せにするという理由で……

この例のように，on account of の後ろに意味上の主語 me を伴った動名詞 being（going to）が来るという用法は現代英語では使われない。だが，

> It's simply *quite too* dreadfully awful.　とてもとても怖いことだ。

上記の例は「時代遅れ感」があるが，例えば quite too という表現は現在では本当に完全になくなってしまったのだろうか。この表現は1880年代にはすでに「時代遅れ」と皮肉られていたが，逆に今では，ロンドンの「ファッショナブルな」一部界隈ではこれを耳にするのではないか。

　これら1世紀前の作家の作品の中に現代の文法変化の予兆がどれほど見てとれるかということは注目に値する。状態動詞の進行形がよい例だ（本書 pp.137-139）。過去50年の間にこの用法が急激に用いられるようになったのは確かだが，実際には，過去200年以上にわたって，ゆっくりと，しかし着実に使われるようになっていたのだ。1917年に旅行家で考古学者のレディ・

ガートルード・ベルがバグダッドから両親に宛てた手紙の中で，

> Oh my dearest ones it's so wonderful here ── I can't tell you how much I'm loving it.
>
> 親愛なるお父様，お母様，ここは素晴らしいです──どれほど気に入っているか言葉では表せません。

と述べている。マクドナルドよりずっと以前から，彼女のほうが先にloving itを使っていたのだ。

⚷ キーワード：過剰訂正 hypercorrection

　過去の教訓は，文法変化は止まることがなく，その大部分は人々が気づかぬうちに進行している，ということだ。言語学者以外，ほとんどの人が自分の使っている言語に起こっている変化に気づいていなかっただろう。変化に気づき，その変化が問題になるとしたら，それは規範文法によって定められた規則と対立する時だ。例えば，動詞beに続く代名詞の格の選択に関して長い間議論があった。18世紀の規範文法では，代名詞は目的格ではなく主格でなければならないと主張されたので，It is IやIt is heは正しいがIt is meやIt is himは間違いだとした。後者の用法が16世紀から存在するにも関わらず，である。

　なぜ，変化が起こるのか。いくつか考えられる要因の中に，**類推**（analogy）というものがある。これは，少数派の形式が最終的には多数派の形式に同化・吸収されるプロセスである。シェイクスピアの時代のholpは，動詞の過去時制には-edの語尾を付けるという規則が援用されて，現在ではhelpedとなっている。同様に，英語において動詞または前置詞の後ろに代名詞が来る場合は目的格なので（She saw meやI spoke to her），どの動詞にもこの規則に従うようにと圧力がかかる。

　200年以上経った今でも，18世紀規範文法はその執拗な主張の足跡を残している。It is IかIt is meか，この問題に関して非難されたら困ると考え

た人々はmeを使うのを避けた。どちらを使えばいいのかという困惑から，「こ
こだけの話」「内緒だ」（between you and me (and the gatepost)）という慣
用句が生まれ，今でもIかmeかの議論をからかって本のタイトルに
between you and Iを使う人たちもいる。

　この現象を，**過剰訂正**（hypercorrection）という。本来ならば正しい用法
が使われているのに，誤って別の用法を正しいものとしてしまう過剰な訂正
主義を指す（古英語の時代から前置詞の後では，主格ではない，別の形が使われ
ていたのだから）。18世紀以前にすでに，Iとmeの混同が起こる気配がうか
がえた。シェイクスピアは，劇作品の中で20回，you and Iを使用している。
うち19回は主語としてだが，1例だけall debts are cleared between you
and I（これでお互い貸し借りはなしだ）（『ヴェニスの商人』）のように主語では
ない。この当時すでに，you and Iが慣用的な表現になっていたに違いない。
しかし，主語でないのにIを用いるこの表現は，文法家が言うことと実際の
用法が異なると指摘されるようになる規範主義の時代になって初めて，論争
の的になった。*Rudiments of English Grammar*（1761）（『英文法の基礎』）
の巻末におかれた，「代名詞」の項目で，著者ジョセフ・プリーストリーは
変化に注意を促している。

> 類推とは反対に，主格は時として動詞や前置詞の後で用いられている。
> 書き言葉にも広がっている。
> The chaplain intreated my comrade and I to dress as well as
> possible.
> 牧師は，私の仲間と私に可能な限り良い格好をするようにと懇願した。

だが，プリーストリーは規範主義者ではない。

> 代名詞の主格は，動詞の前に来るのと同様に後ろにも来なければならな
> い，とすべての文法家が言う。しかし，日常良く使う話し言葉や過去の
> 素晴らしい作家たちの作品の中には，相反する規則を使ったり，少なく
> とも好きな方を使えば良いと，我々を自由な気持ちにさせてくれるもの

もあるのだ。

　「好きな方を使えば良い」というのは完全に規範文法と対立する見解だが，今日では，自称文法守護者からの反応を除けば，はるかに好意的な反応を得ている。

　この章で見てきた例から，文法の変化は終わることのない，終わることのできないものであるという2つ目の理由が分かる。用法の変化や用法に対する態度の変化は，継続的に観察を要するからだ。どの用法が文法的標準形になるかなど，いったい誰に分かるだろうか。今から100年のうちに，人々が言ったり書いたりするのはbetween you and meになるのかbetween you and Iになるのか，はたまた文語的なコミュニケーションではIで口語的なコミュニケーションではmeを使うという第3の用法になるのか。あるいは，過去2世紀続いたように今後も論争は続くのか。言語学者にとっては，不確定さは言語変化における当然のシナリオの一部であり，研究上の大きな魅力なのだ。

24 英語，大西洋を越えて

....

　私たちは言語の未来について確定的なことは言えない。言語は社会を反映するから，言語の未来を語ろうとすれば同時に社会や政治の未来も語る必要が生じる。が，それはほぼ不可能だ。アングロ・サクソン時代の人間は，自分たちの言葉がこれほど劇的に変わってしまうとは誰も予想しなかったはずだろうし，中世の学者は，将来ラテン語を知る者が事実上いなくなるとは考えもしなかっただろう。そして今から千年の後に，英語がどのような特徴を持つようになるか誰が知ろうか。

　しかし，1つ確かなことがある。それは，今まで同様，世界中に存在する英語という言語全体と各地域の諸方言は，これからもお互いに影響し合う，ということだ。過去数世紀にわたって英語に入った何千もの借用語を見れば，言語一般と諸語が互いに与え合う影響は語彙において最も顕著であることが分かる。さらに，文法においても影響が見られる。文法は，個人や個々のコミュニティのレベルを超えた言語用法を示すものだ。最初期の英語写本を見れば，多くの地域差が存在したことが分かる。英語が広まるにつれ，違いは複雑化した。一例として，単数の you are を方言別に見ると，1978年に出版された *The Linguistic Atlas of England*（『イングランド言語地図』）には ye are，thou are，thou art，thee art，thou art，thou is，you be，you bin，thee bist 等のさまざまな形が記載されている。出版以降も，移民の流入によってヴァリエーションは増えていて，you is や，動詞が省略された you beautiful のような例もある。

　イングランド各地の文法が異なるのと同様に，世界に目を移してもさまざまな文法の違いがある。特に，アメリカ英語とイギリス英語の違いは現在に至るまでずっと認識されている。それほど大きな違いではないが，時として

意思疎通を妨げることもあるし，逆に意思は通じるのに，特にアメリカ英語至上主義を嫌うイギリスでは反発を引き起こすことがある。19世紀以降，由緒正しきクィーンズイングリッシュがアメリカ英語の影響で変化することを嘆く文人は多くいたが，アメリカ英語の文法的特徴がすべてイギリス英語へ伝播したわけではない。以下に，品詞ごとにアメリカ英語とイギリス英語の対比を描写していく（アメリカ英語の用例を先に示す）。

■名詞

　名詞句はほとんど影響を受けていない。a math —— a maths（ともに「数学」）のような単数／複数の形での違いや，at the university —— at universityのように定冠詞を取る／取らないの違いがある程度だ。集団を表す名詞，government，committee，team等はアメリカ英語では単数扱いだがイギリス英語では複数扱いもある。イギリス人がThe committee has made up its mind（委員会は結論を下した）と言う場合は，committeeを単体の存在と考えており，The committee have made up their minds（委員会の各委員はそれぞれ結論を下した）と言う場合は，個々人の集合体として考えている。

■動詞

　動詞は名詞よりもはるかにアメリカ英語／イギリス英語での違いの影響を受けているが，その違いが単純ではないので問題はより複雑になる。例えば，非アメリカ人はdoveがdivedの意味だと分かるが，アメリカ人がdivedも使うことには気づかないかもしれない。アメリカ英語の動詞の音はイギリスの地方でも耳にすることがある。例えば，Our team was beat [=beaten]（我々のチームは負けた）はアメリカ英語圏外でも地域によっては耳にする。過去時制の動詞は，アメリカ英語では語尾-edを付けて綴られるが（例えばburned，learned，smelledで，それぞれイギリス英語ではburnt，learnt，smelt），語尾-edの形はイギリス英語でも使用される。どちらを使うかで，微妙な意味の違いがある。長く継続している出来事は-edで表わされ（The fire burned for three days.　火は3日間燃えた），突然の出来事は-tで表わさ

れる傾向にある（I burnt the toast. トーストを焦がしてしまった）。

　イギリス人を最も困惑させるアメリカ英語の用法はgottenである。それが使われる用法の規則を知らないからだ。助動詞haveの後にしか使用されず，「所有」の意味は表わさない。したがって，

> We've gotten off at the wrong stop.
> 降りる場所を間違えてしまった。
>
> They've gotten into difficulty.　彼らは困った状況に陥った。

は文法的にOKだが，

> We gotten very drunk yesterday.　昨日は酔っぱらうを得た。
>
> She's gotten red hair.　彼女は赤い髪を得た。

は不可だ。アメリカ英語を真似ようとするイギリスの若者は，しばしばこのgottenの用法を間違える。アメリカ英語を真似したいなら，まずチョーサーを読めばいい。「gottenは必ず助動詞haveの後に置く」という規則に則った文例がある。つまり，今ではアメリカ英語とされている用法の中にも，もともとはイギリス英語の用法だったものがあるというわけだ。

　助動詞の中には用法が変化したものもある。イギリス英語でI shan't object（反対はしません）You ought to take more care（もっと気をつけて）You needn't bother（気にしないで）は，アメリカ英語ではそれぞれI won't object, You want to（wanna）take more care, You don't need to bother（イギリス英語でも使われるが）となる。最後の例におけるdoの用法が典型的な違いを示し，大西洋を挟んでしばしば意思疎通の混乱の原因となっている。ちょっと古めかしいイギリス英語の表現では，I haven't an umbrella（傘を持っていません）やHas he a car?（彼，車持ってるの？）を耳にするが，アメリカ英語ではまずあり得ず，I don't have an umbrella, Does he have a car?だ。もちろん，今日ではイギリス英語でもアメリカ英

語の表現を使うので，もはや次の例が示すような意味の曖昧さは生じないだろう。

> アメリカ人がイギリス人女性へ：Do you have children?　お子さんは？
> イギリス人女性：Not very often.　いつもというわけではありません。
> （アメリカ人は，家族構成の一員として子どもがいるかどうかを尋ねているが，イギリス人女性は子どもを同伴しているのかどうかを答えている。）

イギリス英語には，アメリカ英語では使われないgotを用いた口語的な用法もある（I haven't got an umbrella, Has he got a car?）。

　動詞に関連するその他の差異は以下の例を参照のこと（イギリス英語の用法を先に提示）。

> I've just eaten. ── I just ate.　ちょうど食べたところだ。

> I'd like you to read this. ── I'd like for you to read this.
> あなたにこれを読んで欲しい。

> Go and tell the manager. ── Go tell the manager.
> 行ってマネージャーに伝えなさい。

> I suggested they should leave. ── I suggested they leave.
> 彼らは立ち去るべきだと私は提言した。

> How is it that you never asked them? ── How come you never asked them?　どうして彼らに頼まなかったの？

メディアを通じてアメリカ英語に接するため，特にイギリスの若者の間ではアメリカ英語との差異の多くは縮まっている。最近，私はいつも，How come?（何で？）というアメリカ風の言い回しを耳にする。

■**形容詞と副詞**
　上記以外の品詞も特筆すべき差異を示し，しばしばイギリスの純粋主義者

の批判の対象となっている。中でも目立つのは，イギリス英語では副詞を使用する箇所で形容詞を使用する例だ（再び，アメリカ英語の用例を先に示す）。

Drive safe. —— Drive safely. 運転，気を付けて。

That's real nice. —— That's really nice. 本当にいいね。

You did good. —— You did well. よくやった。

I sure like ... —— I really like ... 本当に……が好きだ。

「クールなアメリカ人」になろうとするイギリス人は，上記のような表現を使うようになるだろうし，（人数ははるかに少ないだろうが）イギリス人のように話したいアメリカ人はその逆をすることになる。

　アメリカ英語の用法の中にはイギリスでも一般に使われるようになったものもある。主人公が相棒と組んで活躍するテレビ番組や映画を通して，you guysという表現が口語体の二人称複数代名詞の呼びかけとして使われ，至るところで耳にする。代名詞youだけだと突然相手に呼び掛ける感満載だが，guysを挿入することでこの唐突感が和らげられる。

Would you mind if I shut the window? 窓，閉めてもいい？
Would you guys mind if I shut the window?

　How are you?の問いかけに対してgoodを用いて答えるのも，アメリカ英語の用法がイギリスでも使われるようになった一例だ。

How are you? 　　I'm good. 元気？（精神状態が）良いよ。
How are you? 　　I'm well. 元気？（身体状態が）良いよ。

重要な点は，goodとwellが同義ではないということだ。意味論上の差異があり，よく耳にすることから判断すると，どちらの表現も必要とされるのだ。

■前置詞

前置詞の用法に関してはいくつかの差異があり，口語的な会話と同様，文語的な書き言葉の中で使われているものもある（アメリカ英語の用例が先）。

Let's sit toward the front. ── Let's sit towards the front.
前のほうに座ろう。

I got off of the bus. ── I got off the bus.
私はバスを降りた。

The tree is in back of the house. ── The tree is behind the house.
家の裏に木がある。

I have a house on New Street. ── I have a house in New Street.
ニュー・ストリートに家を持っている。

It's a quarter of three. ── It's a quarter to three.
3時15分前です。

It's twenty after three. ── It's twenty past three.
3時20分です。

He was named for his grandfather. ── He was named after his grandfather.
彼は祖父にちなんで名づけられた。

I'm there Monday through Thursday. ── I'm there from Monday up to and including Thursday.
私は月曜日から木曜日までそこにいます。

Let's meet Tuesday ── Let's meet on Tuesday.
火曜日に会いましょう。

Shop HMV for the best bargains! ── Shop at HMV for the best

168

bargains!

HMVでのお買い物が最もお得！

これまで見てきた品詞と同様，アメリカ英語だからアメリカ英語のみを，イギリス英語だからイギリス英語のみを使用するわけではなく，相手の用法を使うこともある。アメリカ人だってquarter to threeと言うし，イギリス人もLet's meet Tuesday. と言う。短い表現のほうが本質的に相手に言いたいことを的確に伝えるので，いずれthrough Thursdayの表現がup to and including Thursdayやup to Thursday inclusiveに取って代わって一般的になるだろう。

■大したことではない

　20世紀を通じて顕著になったアメリカの世界的影響のため，文法における世界的地域差を論じる時，アメリカ英語とその他の地域の英語との差異が真っ先に論じられる。なし崩し的にアメリカ英語化が起きていることへの反感は，イギリスだけでなく英語を母語とするその他の地域でよく耳にするが，その反感も時間の経過とともに薄れていく。反感を持っていても英語は英語。使い慣れれば，コミュニケーションツールとして使えることに満足するものだからだ。1世紀前にはアメリカ英語の用法として物笑いの種になった議論は，今日では議論の対象にさえならないし，それぞれの違いに適切な敬意を払ってもいる。イギリスで出版された本のアメリカ版は文法上の変更を要求されるし，その逆もある。ノンフィクションだけでなくフィクションの出版物でも発生することだ。『ハリー・ポッター』シリーズのイギリス版とアメリカ版を並べて見たら，この章で論じた文法上の変更があることが分かる。

　『ハリー・ポッター』のようなシリーズものの場合，例えばsweetsという単語をアメリカ版でcandyに変更するというように，変更の大部分は語彙に関係する。文法上の変更は比較的少ない。アメリカ英語とイギリス英語の文法上の差異を実際に数えると，それほどの合計数にはならない。*A Comprehensive Grammar of the English Language* (p.118) (『英語総合文法』)

にある3,500ほどの索引項目数のうち，せいぜい35〜6ほどがアメリカ英語とイギリス英語との差異として挙げられている。これは全項目の1%ほどだ。つまり，文法に関していえば，2つの国は（過去，オスカー・ワイルドやジョージ・バーナード・ショー，ウィンストン・チャーチルが懸念したように）「英語と言う共通の言語が持つ違いによって分断されて」はいないのだ。

25 英語，地球規模へ

．．．

　なぜ，文法の差異などというものが存在するのか。それは，言語を使用するコミュニティの進歩と関係がある。ある1つのコミュニティの中で，人は他人と同じように話すが，それにはお互いを理解し合いたいという明確な理由のほかに，お互いに結びつき合いたい，他のコミュニティとは違う自分たち独自のアイデンティティを構築したいという理由もあるからだ。そして，自分の元いた1つのコミュニティから離れ，別のコミュニティに属したり，──あるいはアメリカのように──新しいコミュニティを作ったりすると，やがて人々はそれまでとは違う発音や，違う文法や語彙を用いて話しはじめる。

　17世紀にイングランドから入植した最初の世代より20〜30年のうちに，当時のアメリカを訪れた人たちが残したコメントから，アメリカ入植者たちに独特の発音があったことが分かる。本国イギリスからのさまざまな地方出身者が持ち込んだ方言が，アメリカ入植地の言語の坩堝の中で融合した結果だ。やがて，新しい文化的アイデンティティが発展するにつれて，オーストラリアやニュージーランド，カナダ，カリブ海諸地域において同じような現象が起こった。そして，20世紀にインド，ナイジェリア，シンガポール等の旧大英帝国植民地が独立すると，地域言語としての英語に新しい波が起こった。独立国家に相応しい新しいアイデンティティを確立したいという思いが，それまで長い間彼らの生活の一部であった英語にそれぞれの地域へ適合するように促したのだ。「新しい英語たち」（New Englishes）という表現は，20世紀後半に広まった多種多様な英語を反映する。「新しい英語たち」は，アメリカ英語やイギリス英語の場合と同様に，それぞれの独特な発音の特徴と語彙によって独自性が認められるのが一般的だが，文法も独自の特徴を示している。

「新しい英語たち」に起こった文法上の変化は，かつてアメリカ英語の発展の過程で起こったものと似ているが，それぞれの用法がどこから派生したのかを明確にするのは簡単ではない。以下，最近の *English Today* 誌から拾ってきた5つの例を検証してみよう。

●地下鉄の駅で 'Mind the gaps'（「隙間に注意」）のサインを見かけたら
川を挟んで香港と隣接している中国南部の広東省深圳か，北京の地下鉄か，その他の中国の都市にいることだろう。中国語と併記されるこの英語の注意書きは，ロンドンの地下鉄利用者には馴染みのある 'Mind the gap' とは，なぜか違っている。理由は，中国語は名詞の単数・複数の区別をしないし，隙間はあちこちにあるので，複数形でも何の問題もないと考えるからだろう。ロンドンっ子の耳には奇妙に響くかもしれないが，中国では用法として確立している。ちょうど，アメリカ英語では，複数形の accommodations（宿泊施設）というように。

● 'Where you going, la?'（「どこに行くの？」）と耳にしたら
シンガポールかマレーシア，その他東南アジアにいることだろう。文末に la を付けることは広く行われており，lo や ma が付くこともある。小辞 la は，話し手同士が親密で口語的な会話をしていることを表す。例えば，返事として OK だけではそっけなく，OK, la. と言うと親密さが加味される。イギリス英語や北アメリカ英語で最も近い表現は，文末に eh を付ける用法で，特にカナダでよく用いられる。

●試験問題に 'A schoolboy was knocked down by a speeding car. My father picked him. He rushed him to hospital.'（「小学生の男の子が猛スピードの車に跳ねられた。僕のお父さんが助け起こして，急いで病院へ連れて行った。」）と出てきたら
その試験はウガンダで行われているだろう。数年前に実施された英語の試験問題の一部で，生徒は接続詞を用いて1つの複文に書き換えることを求めら

れた。伝統的な標準英語では，My father picked him up という必要がある
が，up のような不変化詞を削除・挿入・置換するのはウガンダ英語では一
般的だ。

● 'I'm after giving him a lift.'（「彼を迎えに行ってきたところだ」）と耳にし
たら

アイルランドにいることだろう。アイルランド・ゲール語文法のある構文が，
少なくとも17世紀以降のアイルランドの英語話者に影響を与えたからだ。
言及されている行為が発話間際に完遂したことを表現する，動詞の「最新ニュー
ス」用法である。これは，アイルランドであればどこでも耳にする表現とい
うわけではなく，例えば北アイルランドよりもアイルランド共和国でより頻
繁に用いられる。また，完遂していない行為を表すためにも用いられ，例え
ば，Where's Mike? He's after going to Dublin.（「マイクはどこ？」「ダブリ
ンへ行っている。」）のように，マイクはダブリンへ行くことをはじめ，まだ
道半ばであることを表す。

● 'She's been admitted in a hospital.'（「彼女は病院に入院した」）と耳に
したら

カメルーンにいることだろう。閉ざされた場所への移動が，伝統的な標準英
語ではinto や to を用いるところをたいていin で表現されるからだ。同様に，
people go in a house.（人々が家に入る）や send an announcement in a
radio station（ラジオ局に広報を送る）のような表現がある。移動先の空間
は閉ざされているので，我々はその「中に」いることになるから，論理的な
表現方法ではある。実際，イギリス英語でも1300年頃にはこの用法が見ら
れ（In a castel he entred thare「城の中へと彼は入って行った」），他のいくつ
かの国々でも耳にすることがある。

上記5つの用例が，それぞれ説明した国や地域以外の英語圏で使われること
もありうる。伝統的な標準英語では確実に非標準とされる文法的特徴だが，

このような用法は日常的に多発するので，ある特定の国やある特定の地域または大陸の用法と見なすことはもはや不可能だ。むしろ，出現しつつある一般化された「国際共通語としての英語」（'English as a lingua franca'）の特徴であり，その英語を，学術会議やビジネスミーティングの場，ラジオやテレビの放送などあらゆる場面で，教育を受けた人たちが外国語として使用している。

　例として可算（数えられる）名詞と不可算（数えられない）名詞を考える。可算名詞には単数・複数の両方の形があり，定冠詞や数詞を付けることができる（the books, a book, three books）。不可算名詞は本来，the advices, an advice, three advices とは言わないが，英語が外国語として話されている時に世界中で耳にする形だ。発話者は，伝統的な文法で不可算名詞をどのように扱うか教えられてはいるだろうが，ほとんど本能的に可算名詞として扱うようになってしまう。

　規範文法を尊重する人たちは，上記のように不可算名詞を可算名詞扱いすると英語が持つ文的特徴を改変してしまうと警鐘を鳴らす。確かに改変するのだが，歴史的に見れば，決して新しい現象ではない。14世紀のチョーサーは wise informations and teachings（賢明な情報と教え）と言い，16世紀の『カバデール聖書』には informations and documents of wisdom（知恵の情報と文書）とあり，18世紀のチェスターフィールド卿は手紙の中で The informations I have received（私が得た情報）と書いている。複数形の informations が新しい形なのではなく，つねに英語の歴史の中では使われていた。規範文法家が思う以上に，英語という言語は英語自身の可算名詞・不可算名詞の揺らぎに寛容なのだ。

　『オックスフォード英語辞典』を引けば，不可算名詞が可算名詞として使われた用例が分かる。長い期間にわたって，明らかに，可算・不可算の揺らぎは存在し，したがって，現在世界中に出現しつつある英語の多様な新しい変種の間で，この揺らぎが継続中なのは決して驚くことではない。

　今日英語を話す20億の人たちは，主に英語を外国語として学習する国に暮らしている。英語母語話者は4億人ほどしかおらず，主にイギリス，アメ

リカ，カナダ，オーストラリア，ニュージーランド，南アフリカ，カリブ海諸国に暮らしている。これはつまり，1人の英語母語話者に対して5人の英語非母語話者がいて，英語使用の重心が移動したことを表す。昔は，話者数の点において，イギリス人が英語を「所有している」と言うことは可能だっただろう。それが，次はアメリカ人の番になり，今では，英語を外国語として学習する，英語使用者の大半を占める人たちの番なのだ。英語を学習する苦労をわざわざ負った人たちが，英語を「所有している」と言えるし，英語の未来について物申す権利がある。なので，今，非母語話者として英語を使っている人のほとんどがinformationsやadvicesと言うようになれば，この不可算名詞の複数形がいずれは国際標準英語の一部となり，それぞれの「自国」で話されている英語に影響を与えることは必然だろう。

　古き良き時代の英語懐古趣味に浸る人たちは好まないかもしれないが，地球規模で起きているこの変化傾向に歯止めをかけることは不可能だろう。自分たちの言語を「守る」ためにアカデミー【訳註：17～18世紀にかけて英語の標準語を規定するために多くの文人から設立を求められた学術機関。16, 17世紀にイタリアやフランスに設けられたものを模範とした。イングランドでは結局設立されなかった】を設立した国々でさえ，言語変化を止めることは不可能だった。ジョンソン博士が言うように，まるで「風を縛る」（lash the wind，「無駄な足掻き」の意）行為だからだ。そして今日，インターネットのおかげで距離と時間を超えてさまざまな英語と邂逅することが可能になったので，変化のスピードは速くなっている。

閑話休題　その9　善い佳い良い例について

　意味を強調するために語を繰り返すことを**反復，繰り返し**（reduplication）と呼ぶ。多くの言語においてもっともワクワクする言語現象の1つで，標準英語でもよく起こる。very very nice（とてもとても良い）やno-no（ダメダメ），また 'excessively pretty'（可愛い過ぎる）を意味してpretty-prettyと言うような誇張表現として使われる。goodbye（さようなら）やgoodnight（おやすみ）よりもbye-byeやnight-nightの方がより親密で口語的で和やかだ。女王陛下に対してGoodnight, ma'am（おやすみなさいませ，陛下）とは言っても，Night-night, ma'amとは（普通は）言わないだろう。

　世界英語の最も顕著な特徴の1つは，標準英語をはるかに超えた反復用法だ。例えば，シンガポールでは 'very small'（とても小さい）の意味でsmall smallと言うのを耳にするし，ナイジェリアでは 'very well'（とても調子が良い）を表すのはwell well，誰かを凝視すれば（つまりlooking a lot）look lookなのだ。

　インドピジン英語（Indian Pidgin English）は，この反復用法を驚くほどさまざまな意味合いで用いる。誇張の意味合いはもちろんのこと，例えば，This book is fifty fifty year old.（この本は50年も前のだ）では驚きの意味合いを表し，Good good morning.（おはよう！）では親密さが加えられる。また，This house has small small roomの場合はa very small room（とても小さい部屋が1つ）ではなくseveral small rooms（いくつか小さい部屋）がこの家にあることを表す。話者は反復用法そのものが「1つより多い」概念を表すと認識しているため，複数語尾-sを付けない。そして，もし小さな部屋が数多くある場合は，反復が繰り返される：This house has small small small room.（この家には小さな部屋がたくさんある）。とても未発達な話し方のように聞こえるかもしれないが，実際は，標準英語とさほどの違いはなく，私自身very very very interesting（とてもとても興味深い）と思っている。

26 インターネットの英文法

．．．

インターネット時代の到来以前は，シンガポール英語のような地域英語の文法が，地球規模に広がる英語話者にどのような印象を与えるのか，観察するのは難しかった。そもそも1つの国で使われる英語について，その国の外にいる人がどうやって知ることができただろう？　シンガポールを訪れる人は比較的少なく，シンガポールから英語圏の国に引っ越す人はさらに少なかったろう。だからこそ，シンガポール国内の特徴的な英語に触れる機会は散発的で取るに足らないものにならざるを得なかった。当初，映画やドキュメンタリー，コメディの個々の作品を通して「新しい英語たち」の存在を国際的に知らしめたのは，ラジオやテレビだ。ここですぐ思い浮かぶのはエミー賞を2回とピーボディ賞を1回受賞したBBCのテレビ番組 *The Kumars at No. 42*（『ウェンブリー42番地のクマール家』）だが，それでも視聴者の数はインターネットが届ける人数には遠く及ばない。

電子的コミュニケーションのおかげで，地球上の主な英語の方言はいまや身近になっている。その土地その土地の英語新聞を読んだり，英語ラジオの放送を聴くためにはるばる旅行する必要はなくなった。また，ソーシャルメディアが運営するフォーラムでは，あらゆる国の人々に会うことができ，自分たちの土地の英語語彙，綴り，発音そして文法を使う彼らの地理的アイデンティティを知ることができる。多くの参加者が匿名で，言語的仮面舞踏会の様相を呈するために，出身地を特定するのが困難なことも多い。さらに例えばウィキペディアのような場では，多くの執筆者が混在しているので，文法的特徴が元々どの方言にあったのかを知るのはほとんど不可能だ。とはいえ，ほとんどのウェブサイトやブログでは，執筆者の出身地が示されている。またウェブのような巨大な活動の場においては，英語圏の各国からのデータ

を欲する文法家たちの貪欲な食欲を満たすに十分以上のデータが取れるのだ。

　だから，例えば，インドで文法的用法に何が起きているのか，またその地域での変化が書き言葉の文法に果たして影響を与えているかどうかを直接知りたいと思ったら，まずはその地域のローカル紙にアクセスし，一連の記事を読めばよい。そうして得られた言語情報は当地の標準語法で，もちろん，イギリス英語の標準的用法を概ね反映したものだ。だが，インド英語全体に起きている何らかの言語現象を仄めかす文法的差違を示す例をいろいろな記事に見つけることも可能だ。実際，この段落を書きながら，私は *The Times of India* 紙にアクセスし，今日の一面の政治記事を読むことができる。その public facilities like education and health are in a disarray（教育や保健などの公共機関は混乱している）という記述に標準的な in disarray ではない表現を発見できる。またその数行後には，やはり標準的な lost his deposit（信託預金を失った）ではなく，「前首相が lost deposit」という記述に出会う。先の2章で示したように，このような名詞句での変異は，方言的差違を予想できる地域に見られるものである。インターネット時代より前には，こうした例がこれほど簡単に見つかるなど考えられなかった。

■英文法はネット上で変化しているのか？

　しかし，英語の伝統的中核地域では何が起きているのだろう？　イギリスやアメリカ，オーストラリアその他の英語母語話者の地域圏において，インターネットは標準語法に影響を与えているのだろうか？　電子的コミュニケーションは言語に悪い影響を与えるという神話が広まっている中，文の構造をより詳細に観察する時，オンライン上で読む（あるいは聴く）ことのできる英語に悪い影響の痕跡などないことに気づく。つまり，実質上，何の違いも見つけられないのだ。

　ウェブサイト，Eメール，ブログやSNS，その他インターネット上の言語使用に見る英語の統語的，形態論的特徴は，インターネット以前と何ら変わることがない。インターネットが原因で新しい語順が英語に入ってきた証拠はないし，語末の形も，最初期には試行錯誤があったにも関わらず，今では

まったく同じままだ。私の記憶によれば，ox（雄牛）の複数形がoxenであることから，他の-xで終わる語にもおふざけで適用させようとしたことがあった（boxenやmatrixenのように）。また，複数形の新しい語尾-zを使って違法なダウンロード（tunezやfilmzのように）を表そうとしたこともあったが，それはまだ人々がオンラインでの剽窃の深刻さを知らない時代だったからだ。どちらも今日ネット上に見ることはほとんどない。

　最も明らかな新規用法は文構造を特徴づける句読法だ。ネットという新しいメディアが提供する画像的表現方式を取り入れたユーザーたちによって，多くの伝統的な規則に手が加えられた。ミニマリズム【訳註：必要最小限にまで装飾的要素を省略する芸術・表現方式】の新しい手法として文中のコンマやピリオドが省略された。その一方で，マキシマリズムとも呼ぶべき，情緒表現を表す記号を繰り返す手法が新たに見られる（fantastic〔スゴイ〕!!!!!!!）。新しい意味が付加された記号もある。以前はチャットでのコミュニケーションで句読点は用いられなかった場面で，敢えてピリオドを書くことで，ぶっきらぼうな態度や対抗する意思を表すこともある。またエモーティコンやエモジのような記号が文の代わりに用いられたり，返信として用いられたりしている。この話題は恐らく1章まるまる費やす価値がある。だが，これについては私の別の著書*Making a Point*（『この点を主張する』）で触れたことをそのまま繰り返すことになるので，ここでは触れない。

　文法が持つ標準語法的性質は（少なくともこれまでは），インターネットの到来によっては影響を受けてこなかったとはいえ，文体論的には意義深い発展が見られたのは事実だ。テクストメールやツイッターなどのショートメッセージがサービスとして展開されたことから，特に広告や告知の分野で，短く，省略語法的な文体が支配的になっている。

　　Talk by @davcr Wednesday 8 pm Holyhead litfest.
　　Grammar matters——dont miss
　　デヴィクリ（デイヴィッド・クリスタル）の講演　ホーリーヘッド文学フェスで水曜夜8時「文法はものを言う」——見逃すな

短縮語法に非標準的な句読法を組み合わせた文体になると，自分の統語論的な分析はこれだと自信を持って言えない時もある。しばしば目にするのは，文の切れ端の連続体のようなものだ。

> get a job? no chance still gotta try—prob same old same old for me its a big issue or maybe Big Issue lol
> 職に就きたい？　まあ無理だけど頑張らないとな—たぶん，ずっと変わらんけどオレにとっちゃ大事さ，さもなきゃ『ビッグ・イシュー』誌の売り手になるっきゃない草

話の要点は摑めるのだが，例えば「オレにとっちゃ」がその前か後のどちらに掛かるのかを言える人は，このツイート発信者しかいないだろう。一方で，140字のツイッターで充分に25〜30語の文章を書くことができるから，次のような通常の複雑な文法規則と標準的句読法を保つメッセージに出会うこともある。

> I'll see you after the movie, if it doesn't finish too late.
> Will you wait for me at the hotel entrance where we met last time?
> もし映画が終わるのが遅すぎなければ，映画の後に会いましょう。
> 最後に会ったホテルの入り口で待っていてくれる？

ブログのような長いメッセージの場合，文字数の制限はないのだが，会話体のような緩い構文の談話的特徴を持つ文体に出会うこともある。画面に映るのは，見た目は活字で書き言葉なのだが，編集者や校閲者たちが骨折って校正した伝統的な書き言葉では決して許されない非標準文法で，語句や文章が並ぶ。ブログやツイートを書いている時，肩越しに校閲者が文法を直してくれるわけではない。ここにそれがどういう結果を生むかの例を示そう。

■混合

　ブログは多くの統語的混合——2つのタイプの文構造のぶつかり合い——を見せてくれる。ここに私がオンライン上で見つけた単純な混合の例を示そう。

For which party will you be voting for in the March 9 election?
3月9日の選挙で誰をに［ママ］投票する？

From which country does a Lexus come from?
どこから何て国から［ママ］レクサスは来たの？

両方の例に，前置詞が目的語の直前に置かれる書き言葉の文体と，前置詞が文末に置かれる話し言葉の文体の混合が確認できる。

For which party will you be voting? / Which party will you be voting for?
誰に投票する？

From which country does a Lexus come? / Which country does a Lexus come from?
レクサスは何て国から来たの？

　統語的混合は，どちらの構文を使ったら良いか分からない時に起きる――つまり両方を用いる訳だ。口語では普通に見られるが，ほとんど無意識の行動であり，思考と同じ速さで口が動く時に見られる。しかし書き言葉では稀だ。というのも，編集者がそういうものを排除してきたからだ。だがオンライン上では編集者などがいないためにそれが表面に出てしまっている。上の事例では，ウェブの書き手は，過去に経験した前置詞の文末論争が原因で混乱してしまったのかも知れないが（本書pp.75-76）。

　次の例では，音読でもしない限り，混合には気づき難い。

Although MajesticSEO【訳注：原文ママ】have already entered into the browser extension market with their release of their Google Chrome extension, the news that their release on Monday will open up their services to Mozilla Firefox browser users, giving them even quicker access to the information that they receive while using the tool.

素晴らしいサーチエンジン最適化がすでに拡張版グーグルクロームの発売によってブラウザ拡張ソフト市場に参入してはいるが，月曜日のリリースからモジラ・ファイアーフォックスブラウザー・ユーザーたちへのサービスが始まるとのニュースは，自分たちのツールを使って受け取ってきた情報へのさらなる高速アクセスを可能にしてくれる。

「ユーザーたち」（users）という語まで読んで，そのあと何かかなりヘンなことになっている。文がそもそも完結していない。述部を作る動詞はどこにいった？　gives them か is giving them か will give them のようなものが欲しい。問題は，書き手が物凄く長い主部（the news ... users の 17 語）を書いてしまったことだ。そのため，述部動詞を書く段になって，自分が何を書くべきかを忘れてしまっている。明らかに彼は their release on Monday から文が始まったと考えてしまった。もしそうだったなら，準動詞 giving が可能だ。

> the release ... gives them even quicker access ...
> その発売がユーザーにさらなる高速アクセスをまさに可能にする……

> their release on Monday will open up their services to Mozilla Firefax browser users, giving them even quicker access.
> 月曜日の発売はそのサービスをモジラ・ファイアーフォックスブラウザー・ユーザーに提供することになり，彼らにさらなる高速アクセスをまさに可能にする。

書き手の心の中で意味的に最も重要な事項（リリースのニュース）が文法構造よりも優先されてしまったのだ。

　このような例から分かるのは，構造の長さは作文の出来映えを大きく左右するということだ。作業記憶の容量を超える文構造ができ上がってしまうと，

問題が発生する。機能語を無視して，主な意味を伝える内容語だけに注目すると，書き手の頭の中にあるのは次に示す9個の意味の塊しかないことが分かる。

> the news──their release──on Monday──will open up──their services──to Mozilla Firefox──browser──users [giving them even quicker access]

これを覚えるのはかなりの負担だ。書き手が自分を見失うのも無理はない。自分が何を書いてきたかを覚えていられなくなり，自分の言いたいこと，つまり giving them even 'quicker access'（「さらなる高速アクセス」をまさに可能にする）を言うために，途中からもう1度文を組み立てる。もし自分の書いたものを読み返していれば，あるいはそれを音読していれば（これは役に立つ防衛策だ），彼も自分の誤りに気づいただろう。いや，もっと上手く，全文を2つの短い文に書き改めたかもしれない。とにかく，彼の目の前には50語もの怪物文が立ちはだかることになった。

　ブログのような制御の効かないインターネット上の文法には混合のような多くの特徴が見られるが，日常的な会話の中なら本来は気づかれることはない。しかしそれが公的な書き言葉として用いられると，必ずや訂正を求められてしまう。ほとんどのブログは個人的，私的な性格のものだから，書き手は自分の言いたいことを伝えられる限りは，文法にあまり注意を払わない。実際，場合によっては，混合が有名人の地位を保証することもあるのだ。そして恐らくジェームズ・ボンドの *Live and Let Die*（『死ぬのは奴らだ』）のテーマ曲を演奏したポール・マッカートニーのバンド，ウィングスの名曲以上の典型例は他に類を見ない。

> When you were young and your heart was an open book
> You used to say live and let live
> (You know you did, you know you did, you know you did)
> But if this ever changing world <u>in which we live in</u>

Makes you give in and cry

Say live and let die.

君が若くて，心も誰からも読み取れていた頃

君はよく言っていた，生きろ，そして生かせ，と。

（確かにそう言っていたことは君も知ってるだろう）

だが，僕らが中に住んでいる中のこの流転の世界によって

屈服させられ，泣き叫ばねばならないならば

自分は生きて，死ぬのは奴らだ，と言え。

インターネットの世界は今まさに私たちが中に生きている中の世界なのだ。けれど，文法家にとっては，発達変容した文体や議論を生む語法を提供してくれるだけのものではない。インターネットが与える大きなインパクトは教育的とすら言える。なぜなら文法を教え学ぶための新鮮な機会と方法をもたらしたからだ。すでに多くの文法レッスンがオンライン上に存在し，母語としても外国語としても，年齢に関係なく学べる状態にある。しかもマルチメディアが可能なネット上ならば，あらゆる口語的表現，文語的表現にアクセス可能なのだ。もし英文法のコースを修了したいと願うならば，*The Internet Grammar of English*（「インターネット英文法」http://www.ucl.ac.uk/inter-net-grammar）がネット上に公開され，アンドロイドやアップルのスマホ用アプリケーションも準備されている。また学校用には*Englicious*（「イングリシャス」www.englicious.org）のサイトがある。私たちは手のひらサイズの英文法の時代に入ったようだ。

27 墓からの蘇り

··

　職業上の英文法。世界中の英文法。インターネット上の英文法。19章か
ら前章まで費やしたテーマと用例によって，毎日の生活に文法がいかに深く
関わっているかを示せたように思う。文法に関する発見が，どれほど目を開
き，意義深く，楽しいものか分かってくれたら嬉しい。しかし，1世紀前と
は何という違いだろう。100年前の知的雰囲気には文法への敵愾心が蔓延し，
全世界の学校も政府も文法を教えることに何の意味も見出そうとしなかった。
教師たちは数十年間，古い教材を繰り返し利用して機械的な文法解析の練習
問題を課し，簡単に把握できる2，3の規範文法を教えるだけで，進路を決
めるような重要な試験で文法に関する問いに答える能力を身につけさせるこ
とを目標としてきた。だから「この文中の受動態に下線を引きなさい」とか
「これらの形容詞を副詞に書き換えなさい」といったことばかりやってきた。
しかも，ついにはそれすらも放棄してしまった。20世紀半ばまでに教室や
試験から実質的に文法は姿を消した。その結果は，私が本書のイントロダク
ションで描いたような生徒たちのエピソードが典型的に示した通りだ。

　どうして文法は魅力を失ったのだろう？　12章で示したように，19世紀
を席巻した規範文法に人々は辟易したからである。徴候はすでに『パンチ』
誌などの風刺記事やディケンズやハズリットのような文人からの規範文法に
対する攻撃に現れていた。間もなく学者も参戦し，1868年にロンドン大学
キングズ・コレッジの英文学教授ジョン・ウェズリー・ヘイルズは「鼻持ち
ならない文法作成家たち」を容赦なく批判した。「彼らは世界を支配する言
語の輝きに目が眩んでしまい，本来ラテン語に属する理論体系を英語にそっ
くり移し替えるしか能がなかった」。彼の著書からは2段落ほどを引用する
価値がある。当時の強い感情をまざまざと見せてくれるからだ。

文法作成家は不心得にもほどがあり，自分たちが文法的助産師として生み出そうとしている言語には，本来独自の性質があるかも知れない，などとは夢にも思わないばかりか，自分たちはあらゆる言語が持つべき文法を知っていて，いや知っていると勘違いして，作業にとりかかるのであった。

　このプロクルーステース【訳註：ギリシア神話に登場する，捉えた旅人を寝台に寝かせて，寝台より長い脚は切り落とし，短い脚は引き延ばしたと言われる強盗】の魔手に捕らわれた可哀相な我らが母語にどのような勝ち目があったというのか？　言語科学の分野では，プロクルーステースを退治した英雄テーセウスはまだ生まれていなかった。だから哀れな我らの言語は惨めに拷問を受け，関節を外され，無残にめった切りにされた。そのような扱いをされた英語がきちんと成長できるか，もしや英語は粗野粗暴になってしまわないかなどと心配してくれる者もいない。周りで見ている人々は皆がプロクルーステースの仲間であり，犠牲者たる英語が特に残酷にもその脚を引き延ばされた時に発する悲鳴を聞いて，何と不作法で節操のない，お行儀の悪い言葉なのだろうなどと非難を浴びせるのだ。

ヘイルズのような書き手は徐々に新しい雰囲気を作り出していった。規範文法の担い手であった教師たちもラテン語的文法へのアプローチに居心地の悪さを感じはじめ，当時の政府も意見の高まりに呼応した。19世紀末から20世紀初頭にかけて，文法教育はイギリスの初等教育からなくなり，中等学校からも姿を消すこととなった。英文法はラテン文法に基礎を置く誤りだとされ，死んだ言語であるラテン語とは異なり，英語は「常に生きた有機体」であると強調された。こうして英文法は柩の中に収まった。アメリカ，カナダ，オーストラリア，ニュージーランドその他の英語を母語とする国々も同様だった。

　もちろん，問題は，姿を消した文法に替わって何を教えるかだった。サー・ヘンリー・ニューボルト編集主幹の報告書〔レポート〕 *The Teaching of English in*

England（1921）（『イングランドでの英語教育』）は「英文法がいかなるものなのか誰も精確には知らない」と断言し，学校で英文法を教えることは不可能であるとした。

> もし，「英文法」なる用語が，他の言語との違いに特別な注意を向けて，英語の構造の完全な記述を意味するのであれば，確かに現状では英文法を教えようとするのは時期尚早である。

その理由は，と報告書はさらに続ける。「言語学者たちは（未だ）自分たちの仕事を完成させておらず，我々のために現代英語のすべての規則を定式化していないから」である。そして，報告書は将来をこう展望する。

> 英語の構造というものを，我々はようやく理解しはじめたところである。未来の英文法教科書は，「格」「屈折変化」「活用変化」などを習った者には見慣れない新しい品詞や「語順」「トークン語彙」【訳註：ある文章テクスト内で用いられる1つ1つの語彙。言語統計に用いられる】などといった用語を多く目にすることになるだろう。だが，先にやらなければならないことがまだ多く残されている。

まったくその通りだ。そして当時，まだ私が本書を書いていなかったあの時代の報告書の結論は，英文法とは「教室に導入されれば，多くの落とし穴に生徒たちが苦しむもの」でしかなかった。

■英文法の帰還──もう間もなく

「英文法がいかなるものなのか誰も精確には知らない」？　この科白の皮肉は，1920年代においてすら，文法とは何かを実際に知っている人物もいたことだ。さらなる皮肉は，そうした人たちのほとんどはヨーロッパ大陸に住む，英語母語話者ではない学者たちで，言語の歴史全体という一般的な関心の一部として英語の文法を研究していた。オットー・イェスペルセン──「犬」の定義に疑義を唱えた人物（本書 pp.111-112）──は，すでに7巻本の *Modern English Grammar*（『現代英文法』）を書き始めていた。

1909年に発刊した『現代英文法』は，その宣言文に伝統文法に替わるものであることを謳っていた。また，1933年の縮約版への序文でも，イェスペルセンは文法という用語の持つ意味が新しくなり，文法について考える枠組みがいかに変わったかを紹介している。

　　現在まで文法を教える主要な目的は……その言語を正しく話し，書きたいと願うならば従わねばならぬ規則——しばしば恣意的としか見えない規則——を与えることだと思われていた。しかしながら，このような規範文法よりも遙かに価値を持つのが純粋な記述文法である。これはどのように語り書くべきかの案内をするものではなく，その言語話者が実際にどのように語り，書いているのかを見出すことを目的とし，さらにそこから，話者や書き手たちが本能的に従う規則の科学的な理解に導くことを目的とするものである。

まるで，文法は死んではいない，ただ眠っているだけだ，と言っているようだ。文法は目覚めるのだ，それも新しい姿で。

　イェスペルセンの文法は，20世紀に，特に言語学が大学の課程となって以降，次々と書かれた記述文法の先鞭をつけた。1960年代初頭にロンドン大学のユニヴァーシティ・コレッジの学生だった私も，アメリカ人やオランダ人の文法学者によって書かれた半ダースものさまざまなサイズの文法書を学んだものだ。そしてついに1972年に新しい時代の草分けとなる本が誕生した。ランドルフ・クワークと彼の協力者たちによる *A Grammar of Contemporary English*（『現代英語文法』）である。これが草分けと言えるのは，1960年から始まった現代英語語法調査による初期の発見を含む最初の文法書だからだ。現代英語語法調査とは，大量に集積した実際の用法サンプルをベースに，イギリス英語の話し言葉と書き言葉の主な変種を文法的に記述したものだ。この調査は，いろいろなジャンルの文学やさまざまな形式の日常的口語表現のみならず，広告，宗教，科学，法律，放送など，あらゆる状況における音声記録と引用文を含んでいた。文法は毎日の生活に突然関わるようになった。記述文法の用例は人の営みを反映するものだから。

　イェスペルセンの著作は20世紀前半において疑いようもなく最も影響力を持った文法書だった。しかし彼は応用言語学者ではなかった。つまり，自分の書いた詳細な文法記述が生徒たちの日常にどう活かされるべきかを教えるガイドラインは示さなかった。一度科学的な記述がなされれば，誰の目にもそれで十分魅力的に見えるだろうと彼は考えたのだ。他の記述文法家たちも同様の前提を持っていた。言語を記述することが自分たちの仕事であって，それを教えることではない，と。

　しかし，英文法は巨大な科目だ。最初に何を教え，次に何を教えればよいか，どうすれば分かるだろう？　さらに，どのようにして新しいアプローチを生徒に教えればよいのだろうか？　実際，ニューボルトレポートが予言したように，「我々は…新しい品詞や『語順』『トークン語彙』などといった用語を多く目にする」ことになるのである。本書はその過程を証言するものだ。しかしながら，新しいアプローチが，古い文法が落ちた罠に落ちないようにするものであったにせよ，用語を支障なく，かつ興味深げに導入するための方法は見つけねばならない。疑わしそうな顔の教師と生徒に，彼らの敵と見なされた文法の主題や目的を提示するのはそれほど簡単ではない。

　応用言語学が文法の問題に絡む地位を得るまでに，また一般市民と生徒たちの心にかなう文法へのアプローチを提供するまでに半世紀もの時間がかかった。なぜそれほどの時間がかかったのか？　また，イェスペルセンの宣言文から1世紀経っても，文法の本質とその価値について多くの懐疑的な態度が示されるのはなぜなのだろうか？　ここでも説明が必要になる。

28 これほど遅れた理由は何？

　1990年代になるまで，ほとんどの人々は記述文法の存在に気づいておらず，学校も積極的な興味を示すことはなかった。記述文法が認識されるまで，なぜそれほど時間が掛かったのだろうか？　私が考えるに，最も重要な原因は，文法を教えることへの敵意が20世紀初頭から50年以上にわたり膨らんでいったことだ。文法を学ばされていた日々の退屈さや無意味さを人々は忘れることができず，文法とはどれも似たようなものだと考えた。ニューボルト委員会のレポートによれば，初等教育から文法が義務でなくなった後の状況を，1人の学校監察官が次のように評しているという。文法は「少数の学校を除くすべての学校で，先生と子どもたちにとって喜ばしいことに，姿を消した」と。「喜ばしい」とは何という誹謗だろう！　1960年代に文法への新しいアプローチが生まれつつあるとの報道が流れた際，そのような考えそのものへの猜疑心が生まれたのも当然だ。特に教師たちは袋小路だと見なされたその道に今さら入って行く気にはならなかった。話し言葉や書き言葉に良い成果をもたらす新しい道に続いているのだと教師たちを説得するには，長い時間を要した。

　しかし，文法への新しいアプローチを提示するのが遅れたのにはもう1つの理由があった。言語学者たちもこの新しい道への備えが不十分だったのだ。大学レベルでの文法に関する調査は1950年代より前はほとんど行われていなかった。英語語法調査のような研究調査計画は長期にわたる挑戦的研究であって，さまざまなジャンルの英語に関する極めて注意深い記述には，コンピュータ導入以前は膨大な時間が費やされていた。1960年代には，私もしばらくロンドンでの調査に加わっていた。口語と文語のサンプルから抽出された用例は，何千枚もの用紙にそれぞれ言語学的データコードを付加されて，

大型のキャビネットにファイリングされた。オフィスコンピュータなどなかった時代である。すべては手作業で行われ，頻度を数えるのも人力だった。たった30分間の録音されたサンプルを文字化し，そのデータが正しいことを確認するのに数日を費やしたし，データの分析にはさらに数日を要した。2人の研究助手（うち1人が私だった）は，録音テープを聞き，互いの作業を確認し合った。調査チームが自分たちの発見したものを最初の文法書としてまとめあげられると自信を持つまでに10年以上かかり，より網羅的な記述文法書として出版できるまでにさらに10年かかったのも無理はない。

　その結果生まれたのが大きな溝である——英文法教育がまったく存在しなかった荒れた時代である。1970年代と80年代に学校に通った人々は，恐らく英文法の授業を一切受けたことがないはずだ。古いアプローチは消滅し，新しいアプローチはまだ収まるべき処に収まっていなかった。生徒たちはフランス語やドイツ語のような外国語を学ぶならば，あれこれの文法用語を拾うこともあったろうし，ラテン語を学ぶならば，さらに多くの文法用語を知ったはずだ。つまるところ，前置詞とは何かを知ることができた幸運な人々も存在したのである。だが，70年代80年代の20年間，ほとんどの人にとって文法は自分たちの両親の世代に——いや，祖父母の時代に存在していた遺物に過ぎなかった。

　だからといって，文法自体がまったく無視されることもあり得なかった。年嵩の人々は，充分な社会的影響力を持つような，ビジネス界の支配人，行政府の上級公務員，学校では主任教員などとなっていたからである。文法教育の時代を生きた彼らは学んだ内容のほとんどを忘れてはいたが，叩き込まれた規範文法のいくらかを自分たちの中に残していた。遡ること1980年代，私が担当していたBBCのラジオ番組 *English Now*（『今の英語』）に投稿してくれた多くの人々はそのような人たちだった。次の投書はその典型的なものだ。

　　私たちの世代が英文法にそれほどこだわることに，どうしてなのかと言われることがあるが，文法規則を破ったら厳しく罰せられたからなのだ！

分離不定詞を1回書いたら，ムチが1回飛んできた。2つの分離不定詞を使ったら，ムチは2回飛んでくる，というようなものだった【訳注：**分離不定詞**（split infinitive）とは，to不定詞の前置詞toと原形不定詞の間に副詞が挿入される状態のこと。ラテン語の不定詞は1語で表されるため，英語もto不定詞を1つにまとめて表現すべきとされた】。

この紳士は報告書や会報の作成を主な仕事とする会社の重役なのだそうだ。彼の部下たちの作る文章に分離不定詞など1つも見つからないに違いない！

　上の例は，私に届いた投書のもう一群と並べて考えるべきだろう。もう少し年若い公務員からの次の投書があった。

　　私は不定詞とは何か知らず，また分離させることの何がそんなにいけないのかも理解していないのに，分離不定詞を書くなと言われました。自分は本当にバカなのだと思ったものです。

　そして，2000年代には，同じように居心地の悪さを感じていた別の人々の一群から投書があった。文法教育が再び役割を与えられた教育機関（これについては本書p.206〜の「追補」で説明している）に，自分の子どもを通わせる保護者たちである。次の投稿はその典型だった。

　　自分が学校に通っていた頃，私は英文法なんて少しも習ったことがありませんでした。ですから子どもから文法について質問されても，何の手助けもできないのです。

このような人々は，今や二重の重荷を負っている。どうしたらいいか分からないという状態の上に，もう1つ劣等意識が被（かぶ）さってくるのだ。そのような状態では他に助力を求めざるを得ない。そんな彼らにも，遂に解決策を見つけたとしばらく思える時が来る。それが私が規範主義の復活と呼ぶものだ。

■言う通りになさい

　規範主義への批判が繰り返されてきたことは12章で述べた。にも拘わらず，

規範主義的態度は滅びなかった。たとえ学校で教わることがなかったとしても，イギリスなら例えばヘンリー・ファウラーやアーネスト・ガワーズ，アメリカならばウィリアム・ストランクやE・B・ホワイトによる英語の指南書が奨励するかたちで生きのびている。2000年以来規範主義者は急増している。ほぼ毎年，それぞれの国でメディアの有名人が出版した規範文法書は，かつてラウス主教やリンドリー・マリーが行ったように，英文法に自信のない人々の不安を払拭する偉業を引き受けようとしている。そのような書物は非常に個人的な解説を提示し，どれも優美な文体で書かれ，言葉を用いて仕事をしてきたプロとしての生涯の経験による情報に基づいている。しかし一方で，自分たちの主義とは異なる語法を用いる人々に対して厳しく不寛容な態度を示すものでもあった。そしてそのような書物はよく売れるのである。

　思い浮かぶのは，ジャーナリストのリン・トラス著 *Eats, Shoots and Leaves*（2003）（邦訳『パンクなパンダのパンクチュエーション』大修館書店），放送ジャーナリストのジョン・ハンフリーズ著 *Lost for Words*（2004）（『言葉を失う』），ビジネスマンのN・M・グウィン著 *Gwynne's Grammar*（2012）（『グウィンの英文法』；ウィリアム・ストランク著 *The Elements of Style*〔1918〕との合本【訳注：ストランクの著書には，邦訳，E・B・ホワイト改訂（第三版）『英語文章ルールブック』荒竹出版がある】），そしてジャーナリストのサイモン・ヘファー著 *Strictly English*（2010）（『厳密に英語』）である。これらの書籍のサブタイトルは著者たちの態度を明らかにしてくれる。

　　トラス：句読法への寛容度ゼロのアプローチ
　　ハンフリーズ：英語を解体して操り人形とする方法
　　グウィン：良き英語の文法と書き方への究極的入門書
　　ヘファー：正しい書き方と，それの何が重要なのか

どの本も同じことを主張している。「言う通りになさい，そうすればあなたはもう安心です。なぜなら，〔　〕氏（⇦4人の中から名まえを選んで書き入れなさい）ほど有名な人が何が正しいかを教えてくれて，もしその通りにあなたが行うならば文法の問題は解消する，と言うのです」。何とエレガントで

シンプルな解決法に思えることだろう。なるほど，このような本が売れるわけである。もしみんなが彼らの推奨する提案に同意していたならば，まさに優美で単純な解決を得られていたはずだ。

不幸なことに，過去の規範文法の場合と同じように，今回も解決は得られなかった。著者たちそれぞれの個人的な好みは，それぞれの意見の間に齟齬を生む結果になったからだ。例えば，ヘファーは分離不定詞は「優美でない」と考え，to 不定詞は必ず to と動詞を隣り合わせるのがずっと「論理的」だとする。ハンフリーズは分離不定詞の禁止を「偽りの規則の典型」だと認識し，論理的な議論は無駄だとあっさりと否定してしまう。したがって，もし両者の本をマジメに読者が受け取るならば，途方に暮れてしまうだろう。

それどころか，もし 1 冊の本にのみ信頼を置き，その強制命令に注意深く従おうとしても，行動の指針が明確になるわけではないのだ。そうした本には首尾一貫性が欠けていて，やはり混乱してしまうからだ。例としてヘファーの受動態の章の始まりを見てみよう。彼は明確に「良い文体では，書き手は可能な限り受動態を避けるべきだ」と宣言している。ところが，同じページを読むと次のようになっている（私は受動態に下線を付してみた）。

The passive voice of a transitive verb is used to create the form ...
他動詞の受動態はこの形を作るのに用いられる……

... they can be used to create distance ...
…それらは距離を置くために用いられる……

If an active sentence must be turned into a passive, only the main verb need change.
もし能動態の 1 文が受動態に転換されなければならないなら，主動詞を別の動詞に変える必要があるということだ。

ヘファーは結論として「誰であれ，能動態を受動態に変えたいなどと欲する人がどうしてそんなことを考えるのか，まったくもって理解しがたい」と述べる──自分で 3 回も用いていながら，である。「私の言う通りになさい，た

だし私のやっていることは真似してはいけない」という状況に陥った際，果たして読者諸氏はどのように行動すべきなのだろうか。

　彼らはジャーナリストであって，言語学者ではない。またジャーナリズムの基本法則は，自分を弁護しようとしたジョン・ハンフリーズの言葉に依れば，「まず単純化せよ，次に誇張せよ」というものらしい（2006年の *The Spectator* 誌の日誌記事）。この意見は，ものによってはうまく当てはまるかもしれない。だが，言語には決して当てはまらない。なぜなら，言語においては，悪魔が細部に宿るものだから。

■文脈の大切さ

　細部への注意を怠ったために問題が発生する例をここで取り上げよう。リン・トラスの本が出た時，*The New Yorker* 紙の書評者は，彼女の本に見つけたパンクチュエーションの誤りを指摘してほくそ笑んだ。書評者は「最初の句読法の誤りは……献辞の中にあった。非制限用法でありながら関係詞節の前にコンマがないのである」と巻頭ページから始める。以下の引用は，非難を受けた一節だ。

> To the memory of the striking Bolshevik
> printers of St Petersburg who, in 1905,
> demanded to be paid the same rate for
> punctuation marks as for letters, and thereby
> directly precipitated the first
> Russian Revolution
> 【訳注：もし書評者の指摘の通りに句読点が付されていたら次のような意味となる：サンクトペテルブルクでストライキを起こしたボリシェビキの印刷工への思い出に寄せて。彼らは1905年に，句読点も文字と同じ金額の支払いを求めたのであったが，それによりロシア革命の第一歩の引き金を直接引いたのであった】

書評者はトラスが関係代名詞節の制限用法（あるいは限定用法）と非制限用

法（あるいは非限定用法）の区別をしていないことを批判しているのである。トラス自身が，次の2つの文を対比させることで，2つの用法について説明をしているのであった（原書p.92）。

> The people in the queue who managed to get tickets were very satisfied.
> 列に並んだ人でチケットを何とか買えた者たちはとても満足した。

> The people in the queue, who managed to get tickets, were very satisfied.
> 列に並んだ人々は，チケットを何とか手にしたのであるが，とても満足した。

最初の文では，列に並んだすべての者がチケットを買えたわけではないことを意味し，2番目の文では，全員がチケットを買えたことになる。これは英語における重要な文法的区別だ。口語では，イントネーションとリズムを変えることで表せるが，書き言葉ではコンマの有無で区別をする。この点をもっと明確にする次の例を見てみよう。

> My brother who lives in Canada has sent me a birthday card.
> カナダに住む兄が誕生日カードをわたしに送ってくれた。
> （「わたし」には2人以上の兄弟がおり，他の兄弟はカナダには住んでいない）

> My brogher, who lives in Canada, has sent me a birthday card.
> 私の兄——彼はカナダに住んでいるが——は誕生日カードを送ってくれた。
> （「わたし」には1人しか兄弟はおらず，彼はカナダに住んでいる）

というわけで，これを踏まえれば，Petersbergの後にコンマを期待するわけである。というのも，トラスはその文の意味を制限用法としては意図していないことは明白だからだ。より明確にするために以下のように問題の個所を書き直してみよう。

I'm remembering the St Petersburg printers who precipitated the
Revolution.
私は革命を早めたサンクトペテルブルクの印刷工たちを覚えている。
（革命を早めなかった印刷工もサンクトペテルブルクにはいた）

I'm remembering the St Petersburg printers, who precipitated the
Revolution.
私はサンクトペテルブルクの印刷工たちを覚えている。彼らは革命を早
めた。
（サンクトペテルブルクの印刷工たちは皆革命を早めた）

これが *The New Yorker* 紙の書評者の要点だ。この文にはコンマが必要だが，
それがない。これは公正な書評だろうか？
　ここで関係してくるのが **文脈**（context）という考え方だ。ここでいう文
脈には3つの種類がある。1つ目は，問題の要点の周囲にある談話の他の部
分への言及である（文法的文脈）。2つ目は，この文が意味するものに関する我々
の知識への言及である（意味論的文脈）。3つ目は，そもそもこの文が生じた
状況への言及である（語用論的文脈）。まずは文法的文脈について我々は考え
る必要がある。
　ここで，挿入句的な in 1905 がもたらす効果について注意を払おう。この
句はコンマによって挟まれている。したがって，もしもう1つコンマが加わ
れば，文法的必要を満たし，この文は次のように見える。

To the memory of the striking Bolshevik
printers of St Petersburg, who, in 1905, ...

コンマが3つも並ぶだって？　読みやすさの点でも美的センスの点でも，
これは多くの読者の（また出版社の）反感を買う。トラスは単純に in 1905
の前後のコンマをはずすこともできた。だが，ここでコンマを使うことを先
に決めてしまったあとで，次の疑問が頭をもたげる。who の前のコンマを

省略することで文脈的に曖昧さが残るだろうか？　トラスの弁護になるが，曖昧さは残らないだろう。この1文を意味論的に考えるならば，唯一の可能な解釈は，すべての印刷工がストライキに参加したということだ。文法を杓子定規に考える者だけが，これほど意味は明確なのに，コンマのあるなしに拘泥するのだ，とトラスは主張するかも知れない。

　15章で考察したように，意味を考えない文法は不毛だ。したがって，私ならばトラスの弁護に回ってもよい。だがもし私たちが，このような1つの語法領域で意味論的文脈を重んじるのであれば，他の領域においても意味論的文脈を重んじるべきだろうが，文法衒学者はそれをしないのだ。ジョン・ハンフリーズは，4歳の息子が学校におもちゃの恐竜を持って行きたいと思いながら，「ボクはたった1つだけを持っていきたいんだ」と自分に告げた時，onlyの「誤った」位置に激怒して息子に「乱暴なハグ」をしてしまったという。息子はいったい何と言ったのだろう？　ハンフリーズはI'm going to take *only one*と言うべきだと考えた。しかし，息子の科白I'm *only* going to take *one*（ボクは1つ持っていきたいだけなんだ）が意図した意味を誤解することなどあり得ない。なぜなら，その時にはonlyとoneの2語は強く発音され，本来その子が意味するように結びつけられるからだ。そしてこの意味は文脈的に完全に明白なのだ。昔の規範文法家たちはイントネーションと文脈の果たす重要な役割に気づくことがなかった。だから現代の規範文法家たちがその点に気づかないのも驚くに当たらない。翻って，ハンフリーズの息子は——もしこの古い考え方がいかに不適切かを知る教師によって確かな文法を教えられる幸運に恵まれない限り——やがて，今度は自分の息子に規範文法の規則を伝えることになるのだ。

　文脈はなくてはならないものだ。リン・トラスの献辞に戻るなら，他の書評者が句読法の一貫性に関する別の欠如を指摘することだってあり得た。例えば私の*Making a Point*で1章まるまる使って取り上げた複雑な問題でもあるが，andの前にコンマは必要ないのではないか，と主張したかもしれない。これは先行する節が長い場合の（息継ぎの間を促すためにコンマが求められる）問題に関する考察を必要とする。ここで何が起きているかは，単に点

を消すか加えるかだけでは説明しきれず，ましてやこの献辞の中の誰もが気づく句読点の「誤り」についても説明できないのである。

　トラスはその著書で，文が終わる時には必ず「ピリオドを置く」（原書p.24）と規定する。「こんなに簡単なことはない」と。だが，彼女自身の献辞の最後にピリオドはない。つまり，ことほどさように「簡単なことではない」のである。ここでは彼女の弁護は意味論的文脈と語用論的文脈の議論に基づくだろう。意味論的には，献辞とは図示的に孤立しており，後に続く文によって意味が混乱することがないので，文としての結尾を示す記号を必要としない，となる。語用論的には，献辞にはピリオドがない方がごちゃごちゃせずに，すっきりと見える，となるだろう。出版社によっては，1つだけ取り出された文には，その出版社の文体的フォーマットに基づいて，ピリオドを付けないとして，トラスに選択権を与えない場合もある。いずれにしても，トラスのルールには例外があるわけだ——しかも，トラスの本の数多くの例から判る通り，例外は頻繁に見られるのだ。

　文脈は歴史的にも解釈しなければならない。過去の文章をあたかも現代文であるかのように解釈して（これは**現在主義**〔presentism〕という一種の時代錯誤だ），昔の作家が現代の価値観に敬意を払わないからと言って批判するのは大きな間違いだ。この種の言語学的時代錯誤の例は呆れるほど多い。ジョン・ハンフリーズなどは，シェイクスピアをやり玉にあげて，between you and I（原著p.192）を使うなどということは「バカな間違いの中でも最たるもの！」と言い立てさえする。哀れなるかなシェイクスピア！　自分の死後数世紀を経なければ存在もしなかった「規範文法」なるものを，前もって念頭に置かなかった，などと糾弾されるとは！

　この新規範文法の流れは，文法への不安という問題を解決してはくれない。言語学的に現実を見つめ，それに基づく説明を施すことによってしか解決はない。だが，規範文法以外のアプローチを提示するためには，新規範文法家たち並みに——彼らのプロとしての背景を考えれば当然だが——非常に高い文体的基準に達していなくてはならない。多くの人が彼らの本を買うのは，規範文法的アプローチに共感するからではなく，ましてや彼らの主張に説得さ

れたいからでもない。「読み易い」からだ。そして，実際，放送業界やジャーナリズムの世界で出会ったエピソードや語法の分かり易い実例は魅力的で，彼らの説明はしばしば，マリーやラウスのものと比べても（本書pp.76，86-87），明晰だ。多くの読者と同様，ジョン・ハンフリーズの親しみ易い，生き生きとした文体や，リン・トラスのユーモアのセンスを私も楽しんだ。もっとも，ハンフリーズは私を言語学界に巣くう犯罪結社のドンの中のドンと呼んでくれているが。彼は別のところで私を「国宝」と呼んでくれた。なかなかいい呼び名と思ったこともあったが，「国宝」はどう扱われるのだっけ？とよくよく考えてみると，国宝が現在展示されているロンドン塔は，かつては死刑囚を閉じ込める牢獄だった。

29 未来のための10カ条

···

　ここまでを振り返り，文法を魅力に溢れたものにする10カ条を掲げてみよう。これらを，文法への言語学的アプローチのための一種の声明文としたいと思う。

1. 文法の変化はごく自然なことで，止めることはできない。同時に，社会の変化という，これも自然で止めることのできない進展を反映する。

2. 文法的変種が存在することも，文法的変種が反映する文化的・社会的集団が多様性を持つことも，ごく自然で，普遍的な現象である。

3. 高度に多様化した社会は，国内的にも国際的にも，地域を越えたコミュニケーションを可能にするための標準文法を必要とする。この必要は尊重され，かつ研究されねばならず，非標準文法との対比的特徴も適切に評価されねばならない。

4. 高度に多様化した社会は，地域的あるいは文化的アイデンティティを国の内外で表現するために，非標準文法を必要とする。非標準文法の持つ特徴は尊重され，かつ研究されねばならず，標準文法との対比的特徴は正しく評価されねばならない。

5. 標準文法も非標準文法も均一ではない。文法的特徴とは，言語変化の過程を不断に反映するものであり，会話・手書き文書・電子的文書などのさまざまな媒体，文語体から会話体までのさまざまなレベルの様式，法律・技術工学・宗教・文学などさまざまな職業的領域から生まれる多様性を示す。

6. 標準文法と非標準文法は密接な関係を持つ。標準文法利用者は必要に応じて非標準文法を用いることができ，非標準文法利用者は，さまざ

まな程度で標準文法から影響を受け得る。時間と共に，非標準形は標準文法の発達に影響を多く与え，その逆も又真なりである。

7. 学校教育を受ける者は誰でも，標準英語文法による読み書きと話し言葉を学び理解する必要がある。英語圏の内外において標準英語文法が最も高い評価を受けており，各々のレベルに応じて高い地位へのアクセスを最大限に可能とするからだ。子どもによっては母語方言に加えて標準文法を話し言葉として身につける場合があり，高い社会的地位の背景を持つ少数の子どもは標準文法を自分の母語方言とすることもある。標準英語の会話体文法は，公務員，教師，国内放送メディアのような業種で用いられることが伝統的に期待されている。

8. 学校教育を受ける者は誰でも，非標準英語文法のさまざまな変種について学ぶ必要がある。その理由は，非標準文法が国内・国際社会において個人のアイデンティティを表現する言語であり，共同体としての価値や文化的態度を最も深く理解する言語でもあるためである。ほとんどの英語話者の子どもによって学ばれる最初の言語変種は非標準文法を含む。子どもが最初にその重要性を認識するのは修学の段階である。非標準文法への敬意は，会話のみならず作文においても自分たちの母語文法を用いる機会を通して強化される。

9. 英語はますます地球規模の言語として確立しつつあり，1つの標準英語文法の存在を再評価する必要があると同時に，「地域的標準語」の出現への認識も必要とする。イギリス英語とアメリカ英語は国際レベルにおいて最初に出現した概念であり，地球全体に広がるすべての多様な英語の源泉であって，十分な認知を得ている。が，世界では「多様な新しい英語たち」として他の地域標準語も台頭しつつあり，それぞれの地域で確固たる地位を築いている。

10. 文法は多様な言語システムの中の1つのシステムであり，意味と効果を与えるために語彙の選択を行わせる。意思疎通の効果を発揮して意味あるコミュニケーションに貢献する——特に意味論的・語用論的視点から観察されるような——あらゆる言語的属性から切り離して研究

するべきではない。意味論と語用論が与えるこの視点は文の構造と用法の関係を示すものであり，さらに，文法を基礎的な「品詞の学び」と機械的品詞分析を越えて機能させ，同時に，私たちがどのように文法を用いて言葉を駆使しているか，知的に刺激的で情緒的に魅力的な説明を与えてくれる。一言で言うならば，意味と語法の説明があってこそ，文法は魅力に溢れたものとなるのだ！

エピローグ

　成功のツケは，自分の名前が盗まれ，他人の目的のために好き勝手に使われることだといわれる。フーバー（Hoover）は電気掃除機としてイギリスでは一般名詞になった。セロテープ（Sellotape），アスピリン（Aspirin），エスカレーター（Escalator）も元は商品名だった。Google（Googleで検索する，ググる）は日常使う動詞になった。そのように考えるならば，grammarという語は，言語研究の世界を超えて世間一般で最も成功した単語である。なぜなら，実質的にすべての分野でこの語は借用され，自分たちの基本原則や運用体制を記述する簡潔な用語として使われているからだ。

　特に，本のタイトルではよく見かける。まず17世紀に使われはじめ，19世紀には拡散し，以来，詩や数学，社会，破壊行為，夢，幸福，トレードマーク，デザイン，知識，アイデンティティ，コンピューティング，その他諸々の文法（グラマー）が存在するし，人気が下がる気配もない。私がこの本を執筆中（2015年）には，*The Grammar of Politics and Performance*（『政治と遂行の文法』）や*The Grammar of God*（『神の文法』）という野心的な本も出版された（もっとも，後者の本にはより現実的な*A Journey into the Words and Worlds of the Bible*（『聖書の言葉と世界への旅』）という副題が付いていたが）。

　たいていは間接的・比喩的に使われているが，議論の本題を明確にするため，本来の言語学的な意味合いで文法が使われることもある。ウィリアム・チャールトンの*Metaphysics and Grammar*（2014）（『形而上学と文法』）はその良い例だ。「単語を組み合わせて作られる文の構造のための規則」というチャールトンのgrammarの定義は，私がこの本の最初のほうで述べた定義と非常に近い。チャールトンにとっては，「私たちの意識を物質から観念へと導く架け橋」である「形而上学」（metaphysics）を構築するための格好

の土台が文法なのだ。文の機能（叙述，疑問，命令，助言，等々）を考察することによって，真理や存在，善，変化，時間，因果といった形而上学の論点をよりよく理解できると，チャールトンは提唱する。文法は真偽の違いという哲学の根本的な問題に対する洞察を提供するというのだ。このチャールトンの哲学的アプローチは，私たちを，この本の最初の数章で重要な役割を演じたアリストテレスやプラトン，ストア派哲学者の文法理解へと立ち戻らせる。

　「英文法」という物語の車輪は，これで1回転したことになる。まさか，形而上学の世界についての短い余談でこの本を終えるとは思わなかったが，文法研究を始めた人たちが，今でも役割を担っていると考えると，むしろ喜ばしい気持ちになる。「英文法」は今この瞬間も，数え切れない，予測不可能な方法で発展し続けているのだ。

英語教育と試験方法についての追補

　ことばを素直に学ぶ人には，文法は楽しく，いつでもどこでも親しむことができ，興味深く思えるはずなのだが，文法に初めて出会う場所と言えば，英語や外国語の授業の場と決まっている。ということで，英文法への新しい視点は英語教師に役立つはずだ。

■言語習得の役割

　誰にとってもプロとして腕を磨くには時間も機会も限られている。文法を教える必要に迫られている教員たちに最短の経路を教えるのは，私に言わせれば，児童言語習得関連の知見，またその視座に立った考え方だ。母語の文法を子どもが習得していく各段階については多くの知見がある。本書でもスージーが示してくれたが，さらに詳細に観察することで，文法項目をどの順番でどう論理立てて教えるべきか，かなり分かるはずだ。例えば，品詞の習得には順序がある。母語習得のごく初期には明らかに名詞と動詞への注目が見られる。その次に形容詞，副詞，そして前置詞，次に限定詞と代名詞だ。接続詞を学ぶのは，かなり後になる。

　品詞それぞれの中にも習得順序というものが存在する。例えば，所有限定詞（my, your）の発話は，一般的な限定詞（冠詞のtheやa）よりも早い。これは教授法への有益なヒントだ。抽象概念が強い定冠詞や不定冠詞などを含む文章を見せられるよりも，人称代名詞を含む方が具体的意味は明らかで，子どもたちは限定詞の働きをずっと簡単に学べる。さらに具体性が強いのは限定詞のthisやthatで，距離の関係を表現してくれる。this book（この本）はthat book（あの本）よりも近くにあるという具合に。

　こうした限定詞は，使い方を工夫することで，「名詞」とは何かという問

題に向き合う時の助けになる。伝統的な定義（「名詞は，人，場所，あるいは物の名前である」）に頼り切っている人は，music（音楽）やthought（考え）のような語に出会うとたちまち困ってしまう。「音楽」は物だろうか？「考え」は物だろうか？　が，いずれにしても，musicもthoughtも名詞である。名詞の定義に次々と付け足していくと，「名詞は，人，場所，物，思考，信念，意見…」となる。うまい方法ではない。抽象名詞は曖昧だし，種類も数限りない。もっとも簡潔な解決法は，実際に名詞が文中でどのように使われているのかを示すことだ。例えば，名詞の直前にある種の限定詞が来ることを教えるには，my mum（わたしのママ），my car（わたしの車），my music（わたしの音楽），my thoughts（私の考え）などを見せればよい（ここでは不定冠詞aを持ち出すのはうまくないことに注意しよう。music（音楽），information（情報）あるいはfurniture（家具）など，不定冠詞を簡単には伴えない「不可算名詞」が存在するからだ）。

　成長の各段階で子どもは文法的感覚を1つのシステムとして発達させていく。文法とは，ある言語学者らが呼んだように，「さまざまなシステムを持つ1つのシステム」なのだ。各システムの中にはさまざまな語群が存在するが，それぞれの語群内部において互いに語形が異なることで意味の違いが認識される。例えば，単数形と複数形は，語形によって意味の違いが明らかになる。現在時制と過去時制も，語形によって意味の違いが決まる。能動態と受動態も，語形や構文の違いが意味の違いを示す。8つの人称代名詞はそれぞれ意味が異なる。そして，それらすべてが互いに微妙な方法でシステムとして機能している。私がある文，例えばOne fell off one's horse.「ある者が自分の馬から落ちた」という文で，oneの代わりにhe（彼は）を選んだら，聴衆/読者は，私がI, you, she, it, we, theyを，そしてoneも，除外していることが分かる。このように，代名詞を正しく使う感覚を発達させるには，他の選択肢をすべて知っている必要がある。言葉の選択の余地はいつでも在るからだ。次の文ではある実験の説明をしているが，主語の違いからどのようにニュアンスは変わるだろうか？

I poured the mixture into the test tube.

私はその混合物を試験管に注いだ。

We poured the mixture ...　（私たちはその混合物を……）

You poured the mixture ...　（あなたはその混合物を……）

One poured the mixture ...　（ある者がその混合物を……）

理系の文章で代名詞を避けようとする傾向がある理由はこれだろうか？　代名詞を避けることで，言葉がより客観的になるということだろうか？

　　The mixture was poured ...　（その混合物は…注がれた）

あるシステムは別のシステムを導く。ここでは能動態と受動態の文の違いが検証されるわけだ（本書pp.102-105）。

　応用言語学では，教師と生徒の間で働く相互作用の本質を探ることも研究対象になる。普通児童の言語習得における最初期の段階では，名詞のほうが動詞よりもはるかに頻繁に発話される。これはなぜなのだろう？　恐らくは，初期段階の名詞は理解がずっと容易で，例えば，doll（人形），mummy（ママ），dog（犬）など，具体的事物だからだ。動作はちょっと難しい。例えば，go（行く），do（する），have（持つ）などだ。より知覚し易いと私たちが考える動作でも，ことはそれほど簡単ではない。例えば，dog「犬」やdoll「人形」を絵に描くのはそれなりに簡単だが，eating「食べること」やrunning「走ること」を絵に描くのは，そう易しいことではない。

　では，ある子がいくつか名詞を学んだばかりで，動詞を学ぶことが難しいと思っている場合を想像してみよう。実際，ある種の言葉の遅れや障害を持つ子どもでは極めて普通に見られる事例だ。4歳児のマイケルは，約50語の語彙を持っていながら，一語文を話していた——深刻な遅れだ。マイケルの語彙のほとんどは名詞で，動詞は1つもなかったため，これを正すのが言語療法の初期目的だった。なぜなら，動詞は節を構成する核となるものだからだ（本書p.50）。言語療法士はマイケルに，少女が林檎を食べている場面を描いた絵を見せて尋ねた「この女の子は何をしているの？」マイケルの答

えは「食べている」ではなく「りんご」であった。男の子がボールを蹴っている別の絵について，「この男の子は何をしているの？」という質問へのマイケルの答えは「ボール」だった。彼に何が起きているのだろう？

　問題点は言語療法士が用いる質問にある。動詞が答えに含まれることを前提とした質問である。「何をしているの？」は，「何が起きているの？」と同様，動作に焦点を当てている。そして正しい応答には動詞が求められる。だから，もしあなたが動詞を1つも学んだことのない子だとしたら，このような質問には決して答えることができないだろう。もちろん答えようと努める子どもは，せめて知っている名詞で質問者を満足させたいと望みながら思いつくのは，名詞の「りんご」だ。けれど，本人もその答えが十分でないことは分かっている。「そうだ，この子は女の子だね」とマイケルの療法士は言った。「でも，この女の子は何を <ruby>し<rt>・</rt></ruby><ruby>て<rt>・</rt></ruby><ruby>い<rt>・</rt></ruby><ruby>る<rt>・</rt></ruby>？　彼女は…？」マイケルはこの絵をじっと見て，別の答えを口にした「いす？」その女の子は確かに椅子に座っていた。

　明らかに，このような状況では彼には文法的な助けが必要だ。やり方はいろいろあるが，1つは，療法士が「強制選択」の疑問文を用いて，マイケルに名詞ではなく動詞に注意を向けさせることだ。Is she eating or is she drinking? 「彼女は食べているの？　それとも飲んでいるの？」確かに必要な語彙を示すことはある種の助けにはなっているが，正しい動詞を選択しなければならず，まだ少し難易度が高い。だが，マイケルの場合はこの方法がうまく働いた。選択肢から正しく選ぶことを何回か経験することで，動詞とは何かという感覚がある程度発達し，自分でも What doing?「なにしてるか？」という質問を使えるまでになった。ここからは，彼はもっと大きな文へと歩むことができる。つまり節について学ぶ道を歩み始めるのだ。

■職業としての言語教育をめぐる文法

　以上の言語療法の実例は，重要な点に気づかせてくれる。プロは互いに多くを学び合う。母語を教える教師は，言語療法の診療に含まれる一連の文法項目から多くを学ぶことができるし，外国語としての英語教育に関するどん

な本からも学ぶことは多い。もちろん，言語療法士も外国語として英語を教える教師も，母語として英語を教える人たちからいろいろなことを学ぶ。例えば，言語療法士が利用するカードは巧く考えられていて，さまざまな行動，一連のできごと，時間関係，比較の例などが描かれている。もちろん他の場合にこのようなカードを用いることも可能だ。母語教育の現場でのカラフルなポスターにはいろいろな文法事項が描かれている。多くの素材は現在オンラインで入手可能だが，最高の文法問題の事例を与えてくれるようなケーススタディはいまだに不足している。

　他の学校教科では何が行われているかを知ることも，教師の目を開いてくれる。算数のやり方を導入することで，現実的で面白い文法的実践練習を考案した教師を何人か知っている。算数の授業では次のような質問が出てくる。

- マイケルは8本のチョコバーの入った箱を7つ買った。チョコバーを全部でいくつ手に入れただろう？
- マイケルは1ポンド35ペンスのお金を5ペンス硬貨だけで貯めた。硬貨は何枚貯まっただろうか？
- 全校生徒120人の学校で，女子生徒の人数は3分の1である。この学校に男子生徒は何人いるだろう？

このような問題は，子どもたちを慣れ親しんだ世界へ誘(いざな)う。抽象的な概念——掛け算，割り算，引き算——を含んではいるが，具体的で意味がはっきりしている。文法の問題も，同じように現実世界を念頭におくことも可能だろう。特定の文法項目の問題は以下のような例が考えられる。

　最上級——（3人の身長の異なる男子と，3枚の異なるサイズのシャツの絵を見せながら）

Which shirt will fit the tallest boy?
最も背の高い男の子に合うシャツはどれだろう？

　時制の対照——（1本の完全に倒れている木，それから，さまざまな角度で倒れかけている木々が1本ずつ描かれている絵を見せながら）

Which tree has fallen down?
どの木が倒れきった状態だろう？

あるいは，会話体の言語で，陳述の順序に焦点を当てた設問ならば（本書pp.88-94），次のような感じになる。

Give this book to Mary after you've given this pen to John.
この本をメアリに渡しなさい，このペンをジョンに渡したあとで。

特に読み書き障害を持つ生徒は，陳述の順序の原則を破った設問に従うことが難しいと思うかも知れない（14章参照）。

　英語教育（ELT）という職業，すなわち英語を外国語として教える仕事は，現実社会で用いられる文法がどのようなものかきちんと検証された実例をどっさりと提供してくれる。母語として英語を教える授業には，従来の文法的語形や変化パターンに焦点を当てる英語教授法に替わって，「言語用法の現実」というトレンドが入ってきたが（本書pp.106-108），1960年代と70年代には外国語としての英語教育も似たような変化に直面した。外国語の授業でも同様に従来の「文法訳読」方式は「コミュニケーション中心」のアプローチに主役の座を明け渡した。

　もっとも，20世紀になってからも教室の主役は長らく「文法訳読」方式だった。この方式はラテン語やギリシア語の書き言葉の詳細な分析と現代英語訳を含む読解，模範的な文章を模倣した作文を中心とする，古典教育法が元になっていた。聴解や会話はほとんど無視され，生徒は終始，文法規則や文学用語の長いリストを頭に叩き込まれた。知的訓練としては，これには大きなメリットがあった。しかし現代の言語を学ぶ者にとって必要と考えられる実用的言語学習にはあまり効果はなかった。動詞のgoはI go, I am going, I wentやI have goneなどと変化することは学ぶが，例えばI goとI am goingをどのような状況で使い分ければよいか，またI wentとI have goneがどう違うかなどは教わない。実際の生活の場に相対した時，お決まりの文法知識はかえって失敗へと繋がってしまうことがある——私がフランス語のtuと

vousの違いについて気づいた時のように（本書p.110）。

　文法訳読方式への批判は（「直接法」のような外国語を外国語だけで教える
方法や，「オーディオリンガル法」のような音声から言語用法を身につける方法な
どの）新たな手法の選択を可能にした。学習者は日常の現場でどのように聞
き話せばよいか，英語の実用表現を学んだ。「コミュニケーション中心」の
アプローチでは旅行などの実際の会話の状況が設定され，動詞のさまざまな
形からその会話の状況に相応しいものはどれかを判断して使わねばならない。

Where are you going?	I'm going to Bristol.
どちらへ行かれるのですか？	ブリストルに行きます。
How are you going to get there?	I'm going by bus.
どうやってそこへ行くのですか？	バスで行きます。
Have you been there before?	I went there last year.
そこに行ったことはありますか？	昨年行きました。

教室では，教師は「場面シラバス」なるものを考案し，実際のやりとりを再
現しながらさまざまな言語活動を取り入れる。質問，感謝，要求，苦情の訴
え，指示などである。「概念シラバス」というものも用意し，そこでは言語
の中で中心的な役割を果たす，時間や期間，位置関係など，一般的な文法的
概念に焦点を当てる。15章と16章で見た意味論と語用論を組み合わせた視
点がこのアプローチでは中心的役割を果たすのである。母語教育で見られた
ように，学習者自身が語句の選択を行うことに注意が大きく払われるのだ。

　学校で教えられる第一言語の文法教育と第二言語の文法教育は驚くほど似
る場合がある。教材の内容はしばしば重なり，一方での考え方は，もう一方
の教育活動を促すように用いることもできる。ジェフ・ベヴィントンと私が
書いた6歳から9歳の子どもたちを対象にした*Skylarks*（『スカイラーク（ひ
ばり）』）（ネルソン社，1975年）という名の言語開発プログラムからあるユニッ
トを引用してみよう。各文には文の内容に合った奇抜な絵が付いている。

Ducks quack, but they can't sing.

あひるはクワッと鳴く。でも歌えない。

Fish swim, but they don't read books.

魚は泳ぐ。でも本は読めない。

A grasshopper can jump, but it can't count.

バッタは飛べる。でも数えられない。

Squirrels climb trees, but they can't paint.

リスは木に登る。でも絵は描けない。

Most birds can fly, but not many can speak.

多くの鳥は飛べる。でも話せる鳥は多くない。

Frogs croak, but they can't play the flute.

カエルはケロケロ鳴く。でもフルートは吹けない。

Monkeys climb, but they don't cook.

サルは木に登る。でも料理はできない。

この一連の文の終わりは次のような文で締めくくられる。

Can you cook? Can you count? Can you read? Can you quack?

料理はできる？　数えられる？　本は読める？　クワッと鳴ける？

この例と，やはり目を奪うようなイラストで彩られた，大人の若い学習者や初学者向けに書かれたマイケル・スワンとキャサリン・ウォルター共著 *Cambridge English Course*（『ケンブリッジ・イングリッシュ・コース』生徒用教科書1）（ケンブリッジ大学出版局，1984年）の，‘Difference’（違い）というタイトルが付いたユニットの例を比べてみて欲しい。

1.　Which of these things can you do?　Which of them can't you do?
　　次の中の何ができる？　何ができない？　例にならって言ってみよう。

例：‘I can sing, but I can't draw.’
　　「わたしは歌える，でも絵は描けない」

play chess / speak German/ type / play the violin / drive /
draw /run a mile / sing / play tennis.

チェスをさす／ドイツ語を話す／タイプを打つ／ヴァイオリンを弾く／
車の運転をする／絵を描く／1マイル走る／歌を歌う／テニスをする

2. Can you swim / cook / play the piano / dance /
go without sleep / sleep in the daytime?

泳げる？／料理できる？／ピアノは弾ける？／ダンスは踊れる？／
眠らないでいられる？／昼間に眠れる？

Ask two other people, and report their answers to the class.

2人の人に尋ねて，その答えをクラスのみんなに発表しよう。

Make sentences with *but*.

答えを言ったのちに，butを使って，続きを作ってみよう。

'Can you dance?'　踊れる？　　　'Yes, I can.'　はい，踊れます。
　　　　　　　　　　　　　　　　　'No, I can't.'　いいえ，踊れません。

'Diego can dance, but Alice can't.'

ディエゴは踊れる。でもアリスは踊れない。

'Diego can dance, but he can't cook.'

ディエゴは踊れる。でも料理はできない。

母語教育と外国語教育の間で，考え方を互いに応用できることがよく分かる
だろう。

■間隙に橋を渡す

　構造と用法の間には橋渡しが必要だということは，今日，言語教育の専門
家に広く認められている。では，教室の中で理論と実践の間の溝が実際どの
ように埋められているのか，1つの教育プロジェクトの調査結果から見てみ
よう。

　2013年から14年の間に，バッキンガムシャーの地方行政と協働して，
私はその州の学校のための文法教育プロジェクトを進めた。研修初日，特に

意味論と語用論の観点など本書の初めのほうで述べたいくつかの考え方を紹介したあとで，参加した教師たちに個別のトピックを自分たちの学校で試験的に実践させて，教室内のアクティヴィティを考えて貰った。参加してくれたのは，幼児学校の初学年から10歳まで，裕福な家庭からかなり貧しい家庭までさまざまな家庭の児童だ。数カ月後，教師たちは再び研修に集まり，自分たちの教育活動を報告し，研修初日に参加しなかった第2グループの教師と情報共有を行った。さらなる教室活動が実践され，研修日には報告が行われた。それぞれの報告はケース・スタディとしてアクティヴィティの録画記録とともに報告書にまとめられ，いくつかは現在オンラインで入手が可能である（本書p.234）。

このアプローチの実践例の1つに「形容詞」（adjective）の導入授業がある。はじめの一歩が重要だ。新しい文法事項の導入前には，児童生徒は「形容詞」という用語をまだ知らないこと，あるいは他の意味で聞いたことがあるかを確認した。例えば，connect（連結詞）という語彙や，イントロダクションで紹介した例のように，preposition（前置詞）という単語を別の意味で知っているかも知れない。以前に見たように（本書pp.71-72），文法に関するメタ言語は未就学の子どもたちにとって普通は未知のものだ。けれど，これから見る通り，例えばword（語，ことば）やdescribe（記述する）のような，説明に必要な語彙を知っているかどうかを確認することは不可欠である。

以下は，私の観察した，形容詞の修得を目的とした教師たちの実践の一部である。

■それは何？　何をするもの？：同定と説明

・教師はまず用語とその定義を「形容詞は誰かあるいは何かがどのようなものかを教えてくれる言葉です」と，分かりやすく紹介する。「形容詞は名詞を修飾する（qualify）」とは言わない。意味論的アプローチでは古い文法用語を避けている。

・教師は，形容詞が文中のそれぞれ別の品詞とともに使われることを示す。名詞の前（the red car）あるいは動詞の後（the car is red）に位置する。

用語を用いるのは，あくまでも児童生徒が自分で用語に慣れ親しんでいることに自信がある時だけにする。

・「今日はみんなで『形容詞』狩りだ…」（本書p.102）。子どもの会話や読書の中ですでに知っている語彙の中から形容詞のリスト（辞書）を作ってみる。このリストはかなり長くなるかも知れない——レイバンの調査（本書p.72）によれば，400を越えるという——ので，時間を掛けよう。色や大きさ，形などの「かんたんな」形容詞だけでなく，子どもたちの会話にはもっと劇的で感情的な形容詞が入っている。silly（バカな），naughty（いたずらな），different（違う），horrible（ひどい），dangerous（危険な），careful（注意深い），rude（行儀の悪い），delicious（美味しい），annoying（迷惑な）などだ。読書の時間では，*The Enormous Turnip*『大きなかぶ』や*The True Story of the Three Little Pigs*『3びきのこぶたの本当の話』のように形容詞がなくてはならない物語を教師は探すようにする。

・形容詞のように名詞の前に置かれるが，形容詞とはいろいろな点で異なる単語がある。生徒が迷うのは，基数と序数だ。両者とも形容詞とは同じようには働かない。特に，比較級で考えると分かる。形容詞はbig（大きい）はbigger（より大きい），biggest（いちばん大きい）と変化できる。けれどfour（4つの）は，fourer（もっと4つの）とかfourest（いちばん4つの），あるいはfourth（4番目の）をfourther（もっと4番目の），fourthest（いちばん4番目の）とは言えない。さらに，複合語の2つの要素のうち前にくるものも形容詞のように見えるが，困ったことにそうではない。ironing board（アイロン台），walking stick（歩く時の杖），running shoes（ランニングシューズ）を見て欲しい。the big stick（その大きな杖）と言える場合，the stick is big（その杖は大きい）とも言えるが，同じようにa walking stickをthe stick is walkingとすると，「その杖は歩いている」という意味になり，おかしな具合になってしまう。だから，名詞の前にくるwalkingやrunningは，「歩く」「走る」という動詞とは異なるのだと，子どもは理解する必要がある。

■試行錯誤と練習

つまり，4技能——聴く，話す，読む，書く——のすべてにおいて，新しい文法的知識を実際に使ってみよう，ということだ。「聴く」「話す」の教室でのアクティヴィティの例を見てみよう。

《聴く》

・形容詞を含む物語（または1文）を話して聴かせる。そのあとで，同じ物語（または1文）を，形容詞を抜かして聴かせる。子どもは，耳にした文がもたらす印象の違いに気づく。

・1つの物語に含まれる形容詞を間違ったものに取り替えて聴かせる。子どもは間違った形容詞の存在に気づくだろうか？

・ある物を見せて，形容詞のリストに沿って修飾するのを聴いた子どもたちに，どれが最良の形容詞か投票させる（オンライン会議などの例にならって，スキかキライかでもよい）。

《話す》

・物や人の写真や絵，あるいは教室の中の物について，tall（背が高い），pretty（美しい），skinny（やせている），enormous（でかい），fat（太ってる），red-haired（赤毛の）などをつけて説明させる。形容詞を重ねて用いる時どうすればよいか——それこそ形容詞の特性なのだ——を理解させる（やがて，生徒はある種の形容詞は使われる時に順番が決まっていることも学ぶ）。

・形容詞のリストを配布し，あるものを説明するのに最も良い形容詞は何かを決めさせる。また，a strong, hairy giant（強い，毛深い巨人），the giant was strong and hairy（その巨人は強くて毛深い）など文中のどこに置かれるかで，形容詞によってそれぞれ使い方が異なることに気づかせる機会になる。

・上例の巨人について，改めて容姿を尋ねて，生徒たちにstrong（強い），big（大きい），angry（怒っている），hairy（毛深い），muscular（筋肉隆々）など，形容詞のリストを作らせる。

・比較と対照。5歳になるまでに，子どもの会話の中にはすでに比較級や最

上級を使うことは確立していることを利用して，She is bigger than me（彼女は自分より大きい），I'm the tallest（私が一番背が高い）などを言わせる。

・「形容詞テニス」というゲーム。2人のプレイヤーに審判が名詞を提供する。プレイヤー1が適切な形容詞を考えて，プレイヤー2に向かって「打つ」。プレイヤー2は別の適切な形容詞を考えて，「打ち返す」。これを互いに繰り返す。片方が適切な形容詞を考えつかない場合，あるいは不適切な形容詞を付けた場合に失点する。審判は「適切性」を判断する。不適切な場合は「アウト！」とコールする。プレイヤーは審判の判断に従う……か，抗議で有名だったテニスプレーヤーのマッケンロー並みに抗議する。ある7歳児が 'You can't be serious!'「『ふざけてる』んじゃないよ」と呟いて，自分の形容詞の使い方を別の形容詞を利用して弁護したのを見たこともある。

これが文法教育家たちの心にかなった方法だ。2人の子どもがある形容詞の適切さを熱く語り合う。しかも「形容詞」という専門用語を無意識に使いこなす。このような子どもは自分たちが気づいたことを読書に応用するにも困らない。例えば，ある物語の中でなぜこの形容詞が使われているか，また形容詞が別のものだったら読み手にどのように変化が伝わるか，など。あるいは，ノンフィクションの物語に精確さを加えるために，例えば，博物学的な記述か，あるいは数学的な軽量を示す（large 大きい，small 小さな，even 偶数の，odd 奇数の，least 最小の，greatest 最大の……）などの方法について議論することも可能になる。多様な形容詞を適切に交えて作文をするという最終段階の学習内容なども，生徒たちは自分から始めるだろう。

　形容詞でできることは，他の文法事項でも可能となる。数年間にわたるカリキュラムを徐々に広げていった結果として，バッキンガムシャー州文法プロジェクトの中で育った子どもの1人は，全国文法試験の後，自分の先生に会って開口一番「試験では，ただ丸を書くだけだったわ！」とつまらなそうに吐き捨てた。無理からぬことだ。まるで自動車の運転免許を取るために運転の練習をしてきた人が，試験場で「アクセルはどれか分かる？」と問われ

たようなものだ。そんな問題に正解を答えて，「正しいわ。合格よ」と言われて喜ぶだろうか。バッキンガムシャー州のウェブサイトの以下の宣言は，この問題にはっきりとけりをつけた。

> 文脈に応じて教えられ，「現実の」言語に焦点を当て，子どもの必要に密接に結びついているならば，文法教育は作文の質を向上させるのみならず，言語を用いるレベルをも引き上げてくれる。

言語教育に関するほとんどの考え方は選択（choice）の概念を中心に廻っている──16章の中心テーマだ。身近な文法的選択肢（options）を認識できるように，子どもたちは体系的に教えられている。そして文法に関するあらゆる教育プロジェクトは，選択するという考え方を強調するところから始まっている。バッキンガムシャー州のプロジェクトチームは，自分たちの「鍵となる発見」の報告を以下のようにまとめている。

何よりも，次なる「文法の真言^{マントラ}」を唱えよ
・いかなる選択肢がここでは可能か？
・その選択肢がここで選択されたのはなぜか？
・その選択肢によって聴衆や読者にどのような効果が与えられるか？

この真言は，すべての教室の壁はもちろん，文法試験問題作成者の職場の壁にこそ張り出されるべきだ。

このように，あらゆる言語教育現場において文法教育は進歩している。「子どもたちはもはや文法を教えられていない」などと多くの教条主義者たちが宣^{のたま}うのは言いがかりにすぎない。それどころか，学校によっては現在こそ，1960年代以来最も文法が教えられている時代なのだ。とはいえ，教育の普及はまだら模様状態だ。あまりにも多くの教師が文法に関する訓練を受けていない現状では，それぞれの地方行政，学校，英語・英文科，あるいは各々の教師がどれほどの時間と資金を掛けられるか次第なのだ。文法をどこまで教えられるかも，特に高等教育になるほど差が激しい。

だからこそ国レベルでの統一試験のあり方が重要になる。統一試験は地域

格差を埋めるきっかけになる。文法的知識によって生徒たちの言語的技能がどのように増進するかを示す純粋な機会にもなる（文法的知識を現実世界でいかに応用するのかを，試験が反映するものであるかぎりは）。国が英文法の試験をすれば波及効果はたちまち現れる。プロの教員だけでなく生徒の保護者たちにとっても，ほとんどの人がこれまで経験したことのない方法によって，英文法は皆の関心の的となるのだ。

■試験方法

　文法の試験を上手に行うのは難しい。多くの質問は「はい」か「いいえ」では答えられないし，一方，通常は，単純な答えでは子どもの文法能力について有益な情報は得られない。多くの古い形式の試験や，最近のものでもまだいくつかは，以下の例のように文法項目の識別を求めるだけで，なぜその語が使われるのかを説明するようなチャンスも与えない。

　　以下の文で副詞すべてに丸を付けなさい。
　　次の文の前置詞に丸を付けなさい。
　　上の文の受動文は次のうちどれか選びなさい。

　もちろん，「丸を付けなさい」という指示自体は本来悪いものではない。自動車運転の例（本書p.218）に戻るなら，運転教官が，どちらがブレーキかアクセルかと尋ねる時と同じようなものだ。問題なのは，子どもが既得の知識を使って言葉を運用できないことだ。ブレーキとアクセルについては，私たちは，車を走らせればすぐにそれをどう使えばよいか分かる。一方，古い文法教育では，自動車ならばブレーキなどに相当する，形容詞や受動態などの言語学的な装置を学んでいる学習者に，それをどう使えばいいのかまったく指導しなかった。車を運転するように言葉を「運転」すればどこへ行けるのか，ましてや，どこか言語学的に興味深い「場所」へ行けるようになるのか，教える教師はいなかった。最近の試験も同じ罠にはまっている。与えられている文脈から，どのような文法のポイントに子どもが気づいているか——文の構造と語の用法の間にある結びつき（17章参照）——は探れないまま

だ。この点は，1990年代に私が一緒に働いた教育調査官たちによって何度も指摘されてきたことでもある。例えば，受動態との関連で言うならば，単に受動態の文に丸を付けるのではなく，なぜ受動態がそこにあるのか？　受動態は，それが使われている文体様式に，何を加えることになるのか？　その文が能動態に置き換えられるならば，何が失われるのだろう？　と問いかけるべきだ，と。

　1990年代以来，この種の問いが，教室で導入されはじめた。生徒たちは受動態，あるいは連結語，あるいは形容詞をどのように「運転」すべきか，つまり，文を耳にしたり読んだりする時にそれらをどのように認識し，どのようにその意味と効果を評価するか，そしてそれらを話したり書いたりする時に，意味を持ちながら効果的に使うにはどのようにすべきかを，教えられるのである。そして，自動車運転の場合と同じように，学習者の心に浮かぶ言葉には5つの段階があるのだ。

　　それは何で，何をするものなの？
　　それを先生が使っているところを見ていてもいい？
　　それを自分で使ってみてもいい？
　　それを自分でうまく使えるまで練習してもいい？
　　使いこなせるようになったことを見せてもいい？　お願いだから。

これが重要だ。あなたはテストを受けたいと望むのだ。なぜなら試験はあなたに能力があることを確認してくれ，達成感を与えてくれるからだ。そして，もしあなたが適切に訓練を受けてきたならば，自分が合格することも分かっている。同様に——試験であがらなければ——もしも指導がうまくいったなら，実際のところ文法の試験は簡単だと感じられなければおかしいのである。

　試験準備の有益な指導テクニックは，文法項目のテスト方法を逆に利用することだ。例えば，文法を教える初期段階で，子どもが形容詞について知っていることを試験するにはどのようなやり方が可能だろう？　選択肢の幅は，容易に正解が可能なとても単純な識別タスクの段階から，もっと高度で正解を答えるのは容易ではないタスク，さらに自由回答式タスクの段階までさま

ざまだ。

1. 教育目的となる用語を識別する問題例

次の文中で形容詞に丸をつけなさい。

My thirsty dog drank all the cold water in her red bowl.

(喉が渇いた愛犬が自分の赤いお皿の冷たい水をすっかり飲んだ)

2. 形容詞の選択肢から，どこに挿入すべきかを提示して選ばせる問題例

次の選択肢から形容詞を1語ずつ選び，空欄をそれぞれ埋めなさい。

My _____ dog drank all the water in her _____ bowl.

(うちの（_____な）犬は自分の（_____な）皿から水を全部飲んだ)

big, sad, thirsty, easy, sharp

3. 形容詞を含む選択肢から，どこに挿入すべきかを提示して選ばせる問題例

次の選択肢から形容詞を1語ずつ選び，空欄をそれぞれ埋めなさい。

My _____ dog drank all the water in her _____ bowl.

go, hat, big, quickly, thirsty

4. 形容詞の選択肢から，どこに挿入すべきかを提示しないで選ばせる問題例

次の選択肢から適切な形容詞を選んで加え，文を書き換えなさい。

My dog drank all the water in her bowl.

big, sad, thirsty, easy, sharp, cold, wet

5. 完全に自由に言葉を選ばせる問題例

次の文に，適切な形容詞を加えて，文を書き換えなさい。

My dog drank all the water in her bowl.

面白い言葉を自ら考えて使うことに慣れている子どもは，第5のタスクこそ自分の力を発揮し，sweating（汗をだらだら流している），disobedient（言うことを聞こうとしない），lukewarm（なまぬるい），shiny（ぴかぴかの）…といった言葉を選ぶだろう。また，名詞の前に好きな形容詞をいくつでも並べることができる絶好の機会となる。そのような子どもにとっては第1のタスクは，控えめに言っても，興味をかき立てない課題に違いない。その子が発揮できる能力の最小限しか測れないのだ。

■厄介な例文を避ける

　試験官および問題作成者には，極めて重要なアドバイスを1つ送ろう。不適切な，あるいは異論の生じる例文は避けることだ。文法を試験しようとする誰もが本当に直面する問題は，適切な文例を選ぶことだ。一般的な文法事項を見分けるのは，決して難しくはない。例えば品詞の見極め，文の機能，時制の語形，文と文との間の接続詞などだ。だが，子どもが予期せぬ厄介な文法事項を含む文例で試験問題を作らないようにするためにも，専門の文法研究者からのアドバイスが必要になる場合もある。

　例えばaccommodation（宿泊施設）が正しく，acomodationは誤りだ，といった単語の綴りのような単純な正誤判断は，英文法では極めて例が少ない。文法規則はいつも守られるわけではなく，例外や不規則や特殊例が常についてまわる。「名詞の複数形を作るには語末に-sを付けなさい」という一見単純な規則を見てみよう（本書p.27）。この規則は，cats，dogs，horsesすべてに当てはまりつつ，3種類の発音の違いも規則的になっているわけだ。だが，horsesの代わりにhousesを見ると，何と例外になっているではないか。見た目はhorsesと同じだが，複数語尾が付いたhousesは，2つのsが両方ともzの発音を持ってしまう唯一の語だからだ。つまりは「語末に-sを付ける」複数形の例としてhousesを試験問題に出すのは得策ではないということになる。

　次にあげるのは，10歳の生徒への最近の試験問題だ。28章で取り上げたように，文脈を軽視したリン・トラスが引き起こした大雪崩のような議論で

取り上げられた文法事項が問題となっている。

> 挿入句をはさむ2つのコンマ（, ... ,）は，文の意味を明確にする。次の
> 文に2つのコンマを書き入れ，意味を明確にしなさい。
> (a) My friend who is very fit won the 100-metre race.

28章で取り上げた例を読んだ読者ならばすぐに，上の (a) の1文は1つのコ
ンマを書き入れなくても──書き手の意図に依存するが──意味は充分に明確
だと理解できる。つまり，コンマを書き入れるのは意味の明確さとは関係な
いのである。繰り返しになるが，これは関係代名詞の制限用法と非制限用法
の区別の問題なのだ。My friend, who is very fit, ... とは，たった1人の友
人だけを心に思い描いて，「私の友人は，とてもスリムだけれど，100メー
トル競走で勝った」という意味を述べる。一方，My friend who is very fit
... だと，複数の友人を思い描いて，「とてもスリムな私の友人は100メート
ル競走で勝った（けれど，もう1人の，あまりスリムでない友人は，スプーン競
走で勝った）」など，スリムである友人を特定するのである。文脈を抜きに
すればこの問題は極めて人工的で，つまりは意味のない文章を問題文として
提示してしまっているのだ。

　問題作りには似たような難しさが他にもついて回るが，その1つが文体の
多様性である。次のような問題文が試験に出た結果，インターネット上で炎
上を招くことになった。

> 「以下の2つの文で，正しいコンマの使い方をしているのはどちらか選
> びなさい」
> We'll need a board, counters and a pair of dice.
> 必要なのは板と台と2つのサイコロ
> We'll need a board, counters, and a pair of dice.
> 必要なのは板と台と，2つのサイコロ

この問題では正解は最初の文だとされていた。採点者には「連続コンマ（別
名オックスフォードコンマ）」は誤りであると採点基準として与えられていた。

明らかに試験問題作成者は連続コンマに反対の立場を取っていた——つまり私は落第することになったろう。なぜなら，私（だけでなく，別名の由来となったオックスフォード大学出版局全体）は常に連続コンマを用いているから。もちろん，コンマの用法には，このような複雑な多様性を持たない，単純な規則も存在する。それなのに，わざわざこのような問題を作るのは，規範文法が引き起こす潜在的な害悪以外の何物でもない。こんなことをしても，実際に広まっている用法に倣う生徒が減点を食らうだけだ。

　狭量な規範文法的アプローチによって作られる文法問題は，どれも，可能な限り不幸な結果をもたらすだけで，子どもが本来持つべき，文体への多様な感受性や個性に溢れた創造性を損なうものだ。文体に個性をもたらすものは，文法規則を曲げたり破壊しようとする衝動だ。子どもたちは規則を知らねばならない。しかし，そこから逸脱する創造性の閃きを示すことも許されねばならないのであって，称賛されることはあっても罰を科されるべきではない。最近の試験問題のさらにもう1つの例を詳細に観察することで，試験というものがいかに簡単に生徒の閃きを打ち消してしまうかを示そう。

　生徒たちは次の1文を完成させる課題を与えられる。

　　The sun shone _____ in the sky.

採点基準には「あらゆる適切な副詞は正答としなさい。例）brightly, beautifully」と書かれていた。ある生徒はThe sun shone dutifully in the skyと解答し，誤りだとされた。この答えと採点をネット上に公開した担任教師が採点者に怒っていたことは想像に難くなく，ネットフォーラムには，dutifullyという答えは何も間違っていないという多くのコメントが寄せられた。書き込みをした人たちは，例えば物語で，しばらく雨が降った後，ある人が太陽が出てくれるようにお祈りをし，そのために太陽はdutifully「祈りに応えて」輝いたのだと，想像することもあろうと考えた。もしこの文章が有名な著者によって書かれた文章に現れたならば——とネット寄稿者は言う——この表現は英語の創造性豊かな例として，どこから見ても適切だと称賛されたことだろう。そして，実際，グーグルでわずか数秒検索するだけで，

その言葉は真実であると証明されるのだ。以下の文章は*Independent*紙の記事からの用例である。

> 'Oh, I could definitely live here,' said one enthralled visitor as the sun shone dutifully through a wall of picture windows.
> 「わあ，間違いなくここだったらボクにも住めるよ」と，大きなガラス窓を通して太陽が恭しく輝いてきたのを見て，ひとりの旅行者は恍惚として言った。

もちろん私たちには，その生徒がなぜdutifully（恭しく，祈りに応えて）などという副詞をそこで用いたのかを知る術はない。その子を知る担任教師が考えたように，私もその子が意識的に創造力を発揮したと考えたいが，もちろん，適切さなど考えなかった可能性も同じくらいある。つまり，この類いの文法テストがもっと意味を持ち，含蓄のあるものとなるための方法の1つは，生徒に，なぜその選択をしたのか――語用論的観点――を説明する余地を与えることだろう。説明する余地をぴしゃりと遮ってしまう試験問題など，試験官が望む答えだけしかダメだというメッセージを生徒や担任教師に与えるだけで，ありきたりの，決まり切った解答しか出ない退屈なものに過ぎない。

　The sun shone ＿＿＿＿ in the sky. という問題文は，一見そうとは分からない「厄介なケース」なのだ。別の生徒は The sun shone bright in the sky（太陽は空に明るく輝いた）と応えてバツを食らった。なぜなら bright は「副詞ではない」から，だそうだ。採点基準に書かれた「適切な」とは，「規範文法家が考える規則に適した」という意味のようだ。つまりは bright ではなく brightly こそが適切なのだ。この200年あまり，後者は標準的文語の基準を満たすとみなされてきた。しかし，「適切な」を「意味を成す」と読み替えるならば，英語圏全体で何百何千もの用例で口語のみならず文語でも副詞として用いられている bright も紛れもなく正常な選択肢と言える。

　語尾 -ly を持たない副詞の bright という語形は，古英語の時代から英語の一部だった。かの古英語叙事詩『ベーオウルフ』，英詩の父チョーサーの作品，

またシェイクスピアの作品に（The moon shines bright「月は明るく輝き」 teach the torches to burn bright「たいまつに明るく輝くよう教示せよ」などのように何度も繰り返し）用いられて今日に至っている。規範文法家たちは18世紀にこれに異を唱えたが，人々が使うのを止められはしなかった。この brightという語形のI got up bright and early（私はだいぶ早めに起きた）という慣用的な副詞用法は規範文法的人々の間でも見られた。ヘンリー・ワトソン・ファウラーは規範文法家たちから愛された英語辞書編纂者だが，規範文法家の無意味さを理解していた。『現代英語用法辞典』の中でファウラーが「非慣用的 -ly」と呼ぶ見出しでは，「単音節の形容詞はすべて語尾 -ly を付けて副詞にするのが真実である…などという考えがはびこることには，大いに異を唱えるべきだ」と記している。このような考え方自体，人々の「無知」に依るものとしてファウラーは非難しているのである。

　もちろん，この問題の背後にある文法的な基礎知識を教えるという目的に何か誤りがあるわけではない。多くの形容詞は語尾に -ly を付けて副詞を作っている。この規則は子どもの表現の幅を広げるきっかけになるし，文語と口語との文体の違いを感じ取るきっかけともなるだろう。しかし，複雑な問題をもたらすような，試験問題に用いるのは避けた方が無難な形容詞も存在するのだ。形容詞 high（高い）は語尾に -ly を付けて副詞 highly にすると「高さ」とは離れて「大いに」といった強調を意味する。形容詞goodなどは語尾 -ly を付けても形容詞のままである（a goodly sum「たくさんの量」）。

　副詞のbrightを用いる問題文は「厄介な文」の1つだ。形容詞のまったく普通の使い方から導かれて，こうした副詞の使い方も自然で正しいと本能的に感じられることが，次の2つの文を比較すると明らかとなろう。

> The boy feels happy　その少年は幸福だと感じている
> ＝The happy boy　その幸福な少年
> The sun shines bright (ly)　太陽は明るく輝く
> 　＝The bright sun　明るい太陽

明るさというものを，輝くという行為の特質ではなく太陽自体に備わった特

質だと考える子どもにとって，輝くことも形容詞的に捉えるであろうし，選択肢としてbrightlyではなくbrightという語彙を用いようとするのも理解できる。問題作成者は，もちろん，明るさとは輝く行為に付随するものだと考えていたからこそ，正解はbrightlyしかあり得ないと考えたわけだ。しかし，2通りの解釈可能な文をわざわざ選んでしまったことは，悪い判断だった。そんな文を問題として選ぶべきではなかったのだ。だが，正しい判断をするには高い文法意識が必要で，明らかに問題作成者にはそれが欠けていた。誤った判断に基づいて選ばれた問題文の結果，被害を被るのは生徒たち（と彼らの保護者たち）だ。そして，言語学的訓練を受けた文法教師は，そのような生徒たちを決して生み出してはならないと心に誓うべきなのである。

訳者あとがき

　本書はDavid Crystal, *Making Sense: The Glamorous Story of English Grammar* (Profile Books, 2017) の抄訳である。ウェールズ大学名誉教授で，高名な言語学者であるデイヴィッド・クリスタルの原書を，訳者たちは，2018〜19年度の大阪大学外国語学部，また2019年度の早稲田大学教育学部で，それぞれ教科書として指定した。本の題名から英文法を学ぶのだと思った学生もいたようだが，本書は英文法そのものの解説書ではなく，英文法の歴史的経緯を解説し，その必要性を論じる書物である。最初に原書を手にした訳者2人は「ワクワク」した。まさに魅惑的な話に満ちていた。始まりは1語の「文」である。「語順の規範」を覚えるのが文法だと考える人たちには意外に思われるだろう。ギリシア哲学に由来する文法誕生の話がそれに続く。一見関係の薄い学問がその根源にあるとは，英文法を学ぶ日本人には目新しい知識に違いない。学生時代には摑み所なく感じた「コピュラ動詞」を分かり易く解説してくれたことも，訳者個人には嬉しい体験だった。

　日本の学校で「英文法」を科目に入れなくなった背景に，英語圏での「文法離れ」が存在していたという情報も，一般の人々には初めて耳にすることかも知れない。英語を苦手とする日本人には「英文法」と聞くだけでアレルギーが出る人もいるだろうが，実は英語圏でも「英文法」に辟易していた時代があったことも，その過程を経験した著者の筆致で触れられている。

　しかし，何よりも本書の魅力は著者の2人の娘たちが英語を学んでいく様子だろう。著者は父親として，言語学者として，たどたどしくことばを操ろうとする幼い娘たちへ愛情とともに学者的な眼差しを注いでいる。英語を母語としない日本人読者にとって，「ネイティヴ」が月齢を重ねつつ，試行錯誤しながら「英文法」を体得していく過程は興味の尽きない話題に違いない。「文法」を学ぶのは退屈な試験のためなどではなく，「意味」を伝えるためで

あるという，最も根源的な動機がその基盤にある。文法の魅力とは意味と用法のコンビネーション，実用的な語彙の選択にこそあるのだ。本書は，その魅力を授業やテストに応用する方法も提案している。言語習得論にも造詣の深い著者ならではの英語教育論にも話は及ぶ。

邦訳では，原著者の了承を得て，日本人読者にとって馴染みが薄いと思われる英語圏でのローカルな話題に関する箇所として「閑話休題（Interlude）」のコラム（'Learn by heart'，'Grammatically precocious'，'Victorian playfulness'，'A shocking faux pas'，'Real and unreal ambiguity'，'Another pretty little Americanism'，'Do as I say — government level'），および原書のpp.10-11，38，83-84，86，90-91，91-93，96-97，119-120，130-132，133-134，150-152，156-157，219-220，221-222の各ページから全部または一部を割愛した。訳者２人の翻訳担当箇所は以下の通り。伊藤：イントロダクション，1，3，9-11，14-17，19-20，26-29章，閑話休題「その1-2，4」，英語教育と試験方法についての追補，参考文献；藤井：序文，前付，2，4-8，12-13，18，21-25章，閑話休題「その3，5-9」，エピローグ。

翻訳草稿は２人で精読して確認し，互いにいろいろと注文を付け合った。したがって，分担はしているものの，この訳業はやはり２人の共訳と言えると思う。思わぬ誤りがあれば，読者諸氏からのご叱正を仰ぐ次第である。

編集の大任を果たして下さった大修館書店編集部の富永七瀬氏は優しく根気強く最後の最後まで訳者２人を導いて下さった。翻訳原稿をまとめ上げる頃は，新型コロナウイルスで東京は緊急事態宣言の真っ只中。印刷所の方々やデザイン関係者も含めて，大変な御苦労をお掛けした。本当に，感謝の念に堪えない。篤く御礼申し上げる。

最後になるが（英語では last but not least），拙い訳者たちとともに教室で原書を講読した阪大，早大の学生諸君への謝意も表したい。

本書を読んだ多くの方に，英文法は「ワクワク」して面白く「魅力的だ」と見直して戴けますように。

2020年5月　（古都と信州にそれぞれ stay at home の）訳者たちより

参考文献

　文法への私のアプローチは，次の2つの文法書の中に詳説されている。すなわち，

Randolph Quirk, Sidney Greenbaum, Geoffrey Leech, Jan Svartivik, *A Grammar of Contemporary English* (Longman, 1972) と *A Comprehensive Grammar of the English Language* (Longman, 1985). 後者はしばしば Quirk et al. 1985 と略記される。

　上掲書の抄録となるのが Quirk and Greenbaum, *A University Grammar of English* (Longman，1973;『現代英語文法＜大学編＞』新版　池上嘉彦他訳　紀伊國屋書店，1995)，および Leech and Svartvik, *A Communicative Grammar of English* (Longman, 2nd ed., 1994；『現代英語文法＜コミュニケーション編＞』新版　池上惠子訳　紀伊國屋書店，1998) である。

　拙著 *Rediscover Grammar* (Longman, 1988, 3rd ed., 2004；初版邦訳『クリスタルと英文法再発見』山崎真稔，高橋貞雄訳　英潮社フェニックス，1992) は，このアプローチの初歩的入門書で，後に教科書版 *Discover Grammar* (Longman，1996，学級コンサルタントのジェフ・バートンとの共著) と併用できるようにした。*Making Sense of Grammar* (Longman, 2004) は，意味論と語用論的視点を加えたもので，*Rediscover Grammar* の章立てをなぞっている。文法との関連で句読点についての著作が *Making a Point: The Pernickety Story of English Punctuation* (Profile, 2015) である。

　関連書として Douglas Biber, Stig Johansson, Geoffrey Leech, Susan Conrad, Edward Finegan, *Longman Grammar of Spoken and Written English* (Longman, 1999) と Douglas Biber, Susan Conrad, Geoffrey Leech, *Longman Student Grammar of Spoken and Written English* (Longman,

2002) がある。

その他の重要な文法書にはRodney Huddleston and Geoffrey K. Pullum 他著 *The Cambridge Grammar of the English Language* (Cambridge University Press, 2002), Ronald Carter and Michael McCarthy, *Cambridge Grammar of English* (Cambridge University Press, 2006), Bas Aarts, *Oxford Modern English Grammar* (Oxford University Press, 2011) がある。現代英語語法調査に関しては，The Internet Grammar of English (http://www.ucl.ac.uk/internet-grammar) と，Englicious (www.englicious.org) がある。

20章に情報を与えてくれたさまざまな研究はSandla Mollin, 'Revisiting Binomial Order in English: Ordering Constraints and Reversibility', *English Language and Linguistics* 16 (1), 2012, 81-103. によって補完される。

■文法史

R. H. Robins, *A Short History of Linguistics* (Longman, 1967).

Francis P. Dinneen, *An Introduction to General Linguistics* (Holt, Rinehart and Winston, 1967).

■英語史

David Crystal, *The Stories of English* (Penguin, 2004).

David Crystal, *English as a Global Language* (Cambridge University Press, 2nd ed., 2003；初版邦訳 『地球語としての英語』國弘正雄訳 みすず書房, 1999).

Richard M. Hogg and David Denison, eds., *A History of the English Language* (Cambridge University Press, 2006).

Lynda Mugglestone, ed., *The Oxford History of English* (Oxford University Press, 2006).

■英語の用法と多様性の背景について

David Crystal, *The Fight for English* (Oxford University Press, 2006).

David Crystal, *The Cambridge Encyclopedia of the English Language* (Cambridge University Press, 2nd ed., 2003; 3rd ed., 2018.).

David Crystal and Derek Davy, *Investigating English Style* (Longman, 1969).

Henry Hitchings, *The Language Wars: A History of Proper English* (Murray, 2011).

Oliver Kamm, *Accidence Will Happen: The Non-pedantic Guide to English Usage* (Weidenfeld and Nicolson, 2015).

Pam Peters, *The Cambridge Guide to English Usage* (Cambridge University Press, 2004).

Steven Pinker, *The Sense of Style* (Allen Lane, 2014).

English Today (Cambridge University Press, 季刊).

■教育における文法

David Crystal, 'The Recent Political History of English Grammar in the UK', in the Books and Articles section of www.davidcrystal.com

Peter Doughty, John Pearce, and Geoffrey Thornton, *Language in Use* (Edward Arnold, 1971).

Richard Hudson, *Teaching Grammar* (Blackwell, 1992).

Richard Hudson and John Walmsley, 'The English Patient: English Grammar and Teaching in the Twentieth Century', *Journal of Linguistics* 41 (3), 2005, 593-622.   http:// dickhusdson.com/papers/#patient

Carl James and Peter Garrett, eds., *Language Awareness in the Classroom* (Longman, 1991).

Debra Myhill and Annabel Watson, 'The Role of Grammar in the Writing Curriculum: A Review of the Literature', *Child Language Teaching and Therapy* 30 (1), 2014, 41-62.

Laurence Walker, *200 Years of Grammar: A History of Grammar Teaching in Canada, New Zealand, and Australia, 1800-2000* (iUniverse, 2011).

The Bullock Report: *A Language for Life* (HMSO, 1975). http://www. educationengland.org.uk/documents/bullock/bullock1975.html

The Cox Report: *Report of the Committee of Inquiry into the Teaching of the English Language* (HMSO, 1988). http://www.educationengland. org.uk/documents/kingman/kingman1988.html

The Newbolt Report: *The Teaching of English in England* (HMSO, 1921). http://www. educationengland.org.uk/documents/newbolt/ newbolt1921.html

■言語習得と教材

David Crystal, *Language A to Z*, 生徒用2巻と教師用1巻 (Longman, 1991).新版は生徒用が合本となった（www.davidcrystal.comから入手可能）。

David Crystal, *Listen to Your Child* (Penguin, 1986).

David Crystal and Jeff Bevington, *Skylarks: A Language Development Library for 6- to 9-year-olds* (Nelson, 1975).

David Crystal, Paul Fletcher, and Michael Garman, *The Grammatical Analysis of Language Disability* (Edward Arnold, 1976)；クライストチャーチのカンタベリー大学から入手可能 http://ir.canterbury.ac.nz/ handle/10092/5483；付随するワークブック *Working with LARSP* もこのサイトから入手可能。

David Crystal and John Foster, *Databank* シリーズ (Arnold, 1975-85), *Datasearch* シリーズ (Arnold, 1991).

Bridie Raban, *The Spoken Vocabulary of Five-year-old Children* (School of Education, University of Reading, 1988).

Lindsey Thomas, *The Buckinghamshire Grammar Project* (2014). http://bucksgrammar.weebly.com

索引

[訳者紹介]

伊藤　盡（いとう　つくす）

1965年東京都生まれ。89年慶應義塾大学文学部卒業。91〜92年，アイスランド大学アイスランド政府奨学金給付留学。95年，慶應義塾大学大学院文学研究科英米文学専攻博士後期課程単位取得。07〜09年，杏林大学外国語学部准教授。現在，信州大学人文学部教授。専門は中世英語・中世北欧語文献学，北欧神話，英語史，トールキン研究。著書に日本英文学会（関東支部）編『教室の英文学』（共著：研究社，2017年）他。

藤井　香子（ふじい　たかこ）

1966年京都府生まれ。90年大阪外国語大学英語科卒業。94〜96年，オックスフォード大学留学（修士号取得）。98年，東京大学大学院人文科学系研究科欧米系文化研究専攻英語英米文学専門分野博士課程単位取得。09〜11年，大阪学院大学外国語学部准教授，11〜14年，摂南大学外国語学部准教授。現在，大阪大学外国語学部，他，非常勤講師。専門は古英語統語論・句読法，英語史，中世イギリス・ヨーロッパ史。

英文法(えいぶんぽう)には「意味(いみ)」がある

© Tsukusu (Jinn) Ito & Takako Fujii, 2020　　　NDC835／xiv, 243p／21cm

初版第1刷──2020年8月20日

著者────デイヴィッド・クリスタル
訳者────伊藤 盡(いとう つくす)／藤井香子(ふじい たかこ)
発行者───鈴木一行
発行所───株式会社 大修館書店
　　　　　〒113-8541 東京都文京区湯島2-1-1
　　　　　電話 03-3868-2651（販売部）　03-3868-2292（編集部）
　　　　　振替 00190-7-40504
　　　　　[出版情報] https://www.taishukan.co.jp

装丁者────山田 武
印刷所────広研印刷
製本所────ブロケード

ISBN978-4-469-24640-7　Printed in Japan